LOS CELOTES
DE MASADA

POR **MOSHE PEARLMAN**

Publicado por Palphot Ltd.

LOS CELOTES DE MASADA

EL RELATO DE UNA EXCAVACION

Todas las citas de Yigael Yadin han sido traducidas del libro "Herod's Fortress and the Zealots Last Stand" por Yigael Yadin.
© Copyright 1966 by Yigael Yadin. Reimpreso con permiso de Random House, Inc.
Las fotos en las páginas 23, 47, 48 y 66 de D. Tal & M. Haramati
Las fotos en las páginas 122 y 79 de W. Braun
Las fotos en las páginas 8, 24, 44, 48, 58, 60 y 99 de J. Sahar
Las fotos en las páginas 12, 71, 73, 74. 76 y 89 de Garo Nalbandian
Las fotos en las páginas 36 y 46 de Dekel
Las fotos en las páginas 17 y 62 de R. Nowitz
Las fotos en las páginas 30, 60, 81 y 118 de L. Borodulin
Las fotos en las páginas 23, 31, 72, 79, 86, 92, 93, 102, 103, 104, 106 y 120 de S. Mandrea
La foto en la pgina 124 de Van der Hayden
Las fotos en las páginas 22, 34, 76 y 83 por cortesía de la Oficina de Prensa Gubernamental de Israel.
Las fotos en las páginas 69, 84, 87, 91, 97, 101, 119, 42-43 por cortesía de la Sociedad de Exploración de Israel.

© Copyright Palphot Ltd., P.O.B. 2, Herzlia, Israel.
Versión al castellano: Moshé Yanai

Impreso en Israel
ISBN 965-280-074-0

INDICE

PRIMERA PARTE • LA EXCAVACIÓN

1. LA HISTORIA

Fines de marzo de 1965. En cierto lugar de Israel.

Sobre una enorme roca, una joven de veinte años, una artista de Inglaterra, en una ligera blusa de algodón y vistosos pantalones cortos, de cuclillas en una angosta zanja, raspa cuidadosamente la tierra y la tamiza con sus dedos. Junto a ella, un agricultor israelí de veintidós años está cepillando lo que parece ser un pequeño objeto de metal verduzco, que acaba de excavar del suelo. Detrás de ellos hay un matrimonio francés de mediana edad -él es chófer de taxi- que colocan lo que parece ser viejos pedazos de vajilla en un balde de plástico. El cubo tiene una etiqueta marcada con el número de la zanja en donde se encontraron las piezas de alfarería.

Sobre ellos, un sol radiante brilla en el límpido cielo azul. Si miran a su alrededor, pueden ver una franja de reluciente agua azul, y a lo lejos una enhiesta cordillera de montañas rojizas. Pero nc suelen distraerse con frecuencia, y aunque están acalorados y cansados, no parece importarles. Se denota una energía en sus movimientos. Esta gente se dedica a una actividad fascinante, que combina la excitación del estudio con la aventura de la búsqueda de un tesoro. Están excavando el pasado.

Poco después, aparece una sombra familiar sobre el suelo de la zanja, y todos miran a lo alto. Ven a un hombre de unos cuarenta y tantos años, con cara bronceada, vestido con pantalones de trabajo y una camisa y un sombrero de amplias alas, con una pipa en la boca y llevando un bastón taburete, que abre y se sienta sobre él.

"¿Hay algo?" pregunta con una amplia sonrisa. El joven israelí abre una caja de cartón en donde ha colocado el objeto verde que encontró, lo saca y se lo entrega. El hombre salta de su asiento, se agacha para agarrarlo, y con entusiasmo comienza a frotar el objeto. No tarda en formular una exclamación de gozo.

"¿Saben lo que es?", pregunta a sus amigos. "¿Han visto la fecha?"

El israelí lo sabe, pero los demás no, porque evidentemente no saben leer hebreo; pero el hombre no espera su respuesta. De hecho, no ha formulado ninguna pregunta. Estaba pensando en voz alta. Sigue hablando, más bien a sí mismo que a los demás, y grita: "Shekel de Israel. Jerusalén la Santa. Año Dos. El segundo año de la revuelta judía. Magnífico". Agarra la mano del campesino, y se la levanta en un gesto de felicitación, y luego explica a los demás la importancia del hallazgo.

El hombre es el profesor Yigael Yadin, jefe de la expedición arqueológica. La joven y la pareja francesa forman parte de los centenares de personas de 28 países que han abandonado sus tareas habituales por algunas semanas, y han llegado como voluntarios para excavar aquí. El israelí ha hecho lo mismo. Y el lugar, que ha atraído a tantas gentes de países tan distantes, es el monte Masada, desde el que se domina el Mar Muerto, donde ocurrió un suceso muy dramático hace mil novecientos años.

Para conocer las circunstancias de ese evento, debemos remontarnos al tiempo en que sucedió, en el primer siglo A.D. El país, la tierra de los judíos conocida entonces como Judea, era una de las provincias del gran Imperio Romano. Había sido conquistada a mediados del siglo anterior y desde entonces la gobernaba Roma.

El gobernador de la provincia era nombrado por el emperador romano, de quien dependía. A veces ostentaba el título de rey, otras, el de procurador, como Poncio Pilato, que fue el Procurador de Judea en la época de Jesús. El gobernador tenía un gran contingente de soldados romanos -las celebradas legiones romanas-, para mantener el orden en la población. Porque el pueblo estaba resentido de que se le hubiera privado de su libertad, de que su tierra estuviera ocupada por tropas extranjeras y sus vidas y religión fuesen dictadas por mandatarios extranjeros. Se rebelaban con frecuencia, pero las revueltas eran sofocadas con cruel severidad.

Sin embargo, cada enfrentamiento con los romanos y cada nueva ola de crueldad sólo lograba afianzar la determinación de los judíos de recobrar su libertad. En el año 66 A.D. los judíos de todo el país se sublevaron como un solo hombre para expulsar a los romanos de su tierra. Era el comienzo de lo que sería conocido en la historia como la Gran Guerra de los Judíos contra los Romanos.

En un principio lograron resonantes victorias. Roma no tardó en darse cuenta que podía perder esa importante provincia, y que si fuera así, cundía el peligro de que perdiera otras considerables partes de su imperio. Así es que decidió enviar a su más famoso general, Vespasiano, que se había distinguido en la conquista de Britania como comandante de la Segunda Legión, así como un gran número de tropas adicionales. Aún así, los romanos tuvieron que luchar por cada palmo de terreno, y les duró cinco años avasallar el país.

El fin -pensaron- llegó con la conquista de Jerusalén, la capital, y la destrucción del Templo Judío, construido por el Rey Salomón un milenio antes, en el siglo X A.C., que era el más sagrado santuario judío. Su destrucción fue considerada por todos los judíos como la mayor tragedia sufrida por el pueblo. Hasta el día de hoy, los judíos de todo el mundo ayunan para conmemorar esa fecha.

El ejército romano que había conquistado Jerusalén estaba bajo el mando de Tito, hijo de Vespasiano, que mientras tanto se había convertido en el Emperador de Roma. Para servir de ejemplo a otros en el Imperio que pensaran en rebelarse, Tito asesinó a miles de prisioneros judíos y llevó los demás como cautivos a Roma.

Pero no a todos. Algunos lograron huir determinados a seguir luchando. Estaban dirigidos por Eleazar ben Yair y se les llamaba celotes o celotas. Ello en razón de su "celo por el Señor", su "celo por lo justo" y, también creo, porque luchaban con celo, valentía y entusiasmo.

Eleazar y su banda marcharon penosamente hacia el este de Jerusalén a través del desierto de Judea. Estaban muy doloridos y apenados. Algunos habían sido heridos en la lucha de Jerusalén. No había donde refugiarse del ardiente sol durante el día ni del riguroso frío de la noche. Casi no tenían víveres y muy poca agua. Las agudas rocas sobre las que debían trepar les lesionaban el cuerpo. Habían elegido esa ruta escabrosa precisamente porque sabían que por allí no les seguiría el enemigo; por lo menos, no con rapidez. Y también por otra razón. Al fin de su ardua caminata estaba el monte Masada, y creían que allí podrían hacer frente durante mucho tiempo al poderío de Roma.

Sabían que Masada era una fortaleza natural. En el año 66 A.D., al comenzar la Guerra de los Judíos, un grupo de celotes había atacado la guarnición romana que había allá y capturado el lugar, quedando éste en manos de los judíos. Los romanos no se habían tomado la molestia de reconquistarlo pensando que les resultaría demasiado costoso -necesitarían para ello muchas tropas-, y también estimaban que después de la caída de Jerusalén cesaría toda la resistencia judía. Pero no habían tomado en cuenta a Eleazar Ben Yair.

Tan pronto como llegó con sus partidarios, se puso a organizar Masada como un puesto avanzado militar. Con la fortaleza rocosa como su base, tenía el propósito de descender con sus hombres de vez en cuando para realizar incursiones contra los romanos y los colonos de la región que colaborasen con ellos. Si los romanos, incitados por esos raids, marcharan contra Masada y tratasen de ocuparla, se enfrentarían con judíos que se defenderían con denuedo, preparados a luchar hasta el fin.

¿Qué tenía Masada que fuera capaz de infundir a Eleazar una tal confianza?

Como queda dicho, se trata de una fortaleza natural, un enorme peñasco que se erige en el borde oriental de la meseta de Judea, con precipicios muy escarpados en todos sus lados. Su cúspide lisa, a unos 400 metros sobre la ribera del Mar Muerto, tiene la forma de un diamante. Mide 580 m. de norte a sur y 198 m. de este a oeste. Evidentemente, resulta muy difícil trepar a la cima, pero es posible hacerlo desde dos lados: por un camino conocido como la "senda de la serpiente", en la escarpada pendiente oriental, llamada así porque, como fue descrito por ese hombre tan poco común como fue Josefo, tiene "la estrechez y las constantes ondulaciones" de

Foto aérea de Masada captada desde el oeste. En primer plano aparece el bien conservado campamento romano construido sobre el "Risco Blanco", que se eleva en la ladera occidental del monte hasta que parece llegar a la cumbre.

un tal reptil. Al describirlo, escribe Josefo: *"Recorrer esa senda es como marchar sobre una cuerda floja. El menor resbalón implica la muerte, porque a ambos lados hay abismos tan pavorosos que harían temblar al más valiente".* El segundo camino llega del occidente, y pasa a lo largo de un espolón que termina a un lado de la fortaleza a cierta distancia de la cumbre. Desde allí se ha de seguir subiendo a lo largo de escarpadas y peligrosas sendas. La naturaleza ha concedido excelentes defensas a quienes están en la cúspide de Masada, y Eleazar lo sabía muy bien. También sabía que unos cien años antes, alguien había mejorado en gran medida las defensas del monte. Ese "alguien", muerto setenta años antes, era un hombre cuya memoria Eleazar aborrecía, porque durante su vida había sido servil a los romanos. Y era una gran ironía que las fortificaciones construidas por ese varón con el consentimiento romano, permitirían a Eleazar y a sus seguidores, resistir a los romanos. Ese hombre era el Rey Herodes, "Herodes el Grande".

Había sido un hombre extraordinario, a veces loco, ambicioso, cruel, caprichoso; pero tenía una pasión constructiva: edificar. Había construido muchas grandes ciudades en el país, y la más conocida era Cesárea, en la costa mediterránea. Pero no cabe duda que los edificios más espectaculares fueron aquéllos que construyó en Masada.

Eleazar probablemente no lo sabía -y desde luego no le importaba- por qué Herodes había dedicado tanto tiempo, dinero y energía en fortificar un puesto avanzado tan remoto como Masada. Todo lo que le preocupaba era el hecho que había sido creado. Pero ya que nos referiremos con amplitud sobre la labor de Herodes en Masada, cuando abarquemos los descubrimientos de la expedición de Yadin, conviene interrumpir nuestro relato a fin de conocer cuáles eran las razones de Herodes.

Su familia había sido originalmente edomita, natural de Idumea, situada al sur del límite de Judea. Había imperado una constante enemistad entre judíos y edomitas, y a fines del siglo II A.C. Idumea había sido conquistada por el Estado Judío, convirtiéndose en parte de Judea. Unos años más tarde, el abuelo de Herodes, que se había convertido al judaísmo, fue nombrado Gobernador de su provincia natal por el rey judío y pasó a ser un hombre influyente. Su hijo, el padre de Herodes, le sucedió en esa posición de influencia y la mantuvo incluso luego que los romanos conquistaron Judea bajo el mando de Pompeyo, en el año 63 A.C. Fue un hombre que siempre supo mantenerse a la derecha de quienquiera estuviera en el poder, y así obró su hijo, Herodes, que mientras tanto se había convertido en el gobernador de la Galilea.

Cuando su padre murió en el año 43 A.C., Herodes asumió su autoridad en el Estado y no tardó en poner manos a la obra para ganarse la simpatía de los romanos. Esperaba que lo nombrasen Rey de Judea. Pero los romanos estaban en una situación difícil. De un lado deseaban colocar a Herodes en el trono, porque era su amigo y por lo tanto se podía contar con él. Pero, precisamente por ello, incluso si era teóricamente un judío, no contaba con el apoyo de la población, y los judíos y los romanos temían que cundiera la intranquilidad. Por otra parte, la persona que los judíos deseaban era alguien que, como ellos, fuera anti-romano. Este era Antígono, un miembro de la muy amada familia real judía, los macabeos, que habían encabezado la exitosa lucha por la libertad judía a medianos del segundo siglo A.C.

En el año 40 A.C., la decisión dejó de estar en manos de los romanos cuando los judíos, ayudados por los partos, expulsaron a los romanos de Jerusalén. Antígono fue coronado rey. Herodes había perdido la lucha por el poder, y pronto se refugió...en Masada.

Fue cuando estaba en la cima de Masada con su familia y unos ochocientos partidarios, que Herodes quedó profundamente impresionado por la capacidad defensiva que ofrecía el monte. Sin embargo, no tenía la intención de permanecer allí toda la vida; deseaba ser rey.

Dejando a su hermano menor a cargo de Masada, se encaminó a Roma. Allí pudo eventualmente convencer a las autoridades que le concedieran su apoyo como el único medio de recobrar el poder en Judea. El Senado Romano lo nombró rey títere y lo envió de vuelta a Judea con dos legiones romanas, una fuerza muy poderosa. En el año 37 A.C., después de cinco meses de sitio, Jerusalén capituló y Antígono fue ejecutado. Y en su lugar Herodes fue coronado rey.

¿Cuál había sido la suerte de sus partidarios en Masada mientras estaba fuera? A su gran sorpresa, Herodes constató que pudieron resistir todo ese tiempo, aunque habían sido atacados con frecuencia. Lo que demostraba qué refugio útil era Masada, en el que se podía contar de presentarse la necesidad; y al pensar en ello, consideró que posiblemente lo precisaría. Es cierto que ocupaba el trono, pero éste era inestable. Se enfrentaba con dos peligros. Uno, procedía de sus súbditos, los judíos. Le odiaban, porque era un muñeco de sus enemigos, y hubieran querido destronarlo y restaurar uno de sus amados macabeos. El segundo se derivaba de una señora muy conocida que reinaba entonces en Egipto: Cleopatra. Cleopatra tenía puesto sus ojos en el Reino de Judea y quería anexarlo a Egipto. Una y otra vez insistió ante Marco Antonio, su gran y buen amigo, que era uno de los gobernantes del Imperio Romano, "suplicándole" según escribe Josefo "que destruyera a Herodes y pidiendo que le permitiera pasar a Judea".

En estas circunstancias, Herodes pensó que sería una excelente idea afianzar las fortificaciones de Masada y dotar el lugar de modo tal que pudiera resistir un prolongado sitio. Las órdenes que habría impartido a sus arquitectos e ingenieros eran que construyeran edificios e instalaciones "propios de un rey", en la eventualidad de que tuviera que vivir allí mucho tiempo como un refugiado. Y cuando Eleazar Ben Yair, unos cien años más tarde, llegó a Masada con sus mugrientos hombres tan castigados y hambrientos, las riquezas que vieron superaban en gran modo todo lo que habían oído.

Con una muralla defensiva circundando la cima del peñasco, vieron palacios, baños romanos, depósitos, cisternas y acueductos; un extraordinaria serie de edificios sobre la cima de una aislada montaña en medio del páramo.

Herodes no tuvo necesidad de usarla como refugio. Reinó desde 37 B.C. hasta su muerte en 4 B.C., pero debe haber visitado Masada frecuentemente. Y cuando lo hacía, es poco probable que hubiera pensado jamás en, como lo dice Josefo "que habría de dejarla en manos de los romanos, para que fuera la última tarea que cumplirían en la guerra contra los judíos".

Los propios edificios pueden haber sido lujosos, pero para Eleazar y sus frugales celotes constituían un símbolo de todo lo que desdeñaban: ostentación, comodidad, ambición, poder. Sin embargo, lo que había servido a un hombre, a su familia y a una pequeña guarnición podría ser usado para la comunidad de celotes, compuesta de algunos centenares de familias que habían huído de Jerusalén y las contadas que habían residido siempre en Masada. Los depósitos y las cisternas serían muy útiles; evidentemente, les permitirían resistir durante mucho tiempo. Y los palacios y otros edificios, servirían para alojar a cierto número de familias. Y habían refugios adicionales en las cámaras en la muralla que Herodes había construido a lo largo del perímetro. Eran lo que se conoce como casamata, o sea una muralla doble con un espacio entre ambas que está dividido en cámaras o casamatas. Lo que los celotes harían, por lo tanto, sería usar esas estancias como hogares familiares. Asimismo, con el tiempo construirían algunas chozas primitivas para servir como viviendas adicionales.

Durante el resto de los años 70, 71 y la primera parte de 72 A.D., los celotes siguieron ocupando Masada y hostigando a los romanos tanto como podían, así como entorpeciendo el dominio romano de la zona. Al principio los

romanos les prestaron escasa atención, considerándolos como un pequeño inconveniente, e ignorándolos como harían con un mosquito. Pero como esas incursiones continuaban, el mosquito se convirtió en una abeja y luego en una avispa con un doloroso aguijón. Así es que los romanos empezaron a tomarlos en cuenta. "¿Quiénes son?", se preguntaban. "¿No saben que han sido vencidos? ¿Desconocen el hecho que con la pérdida de Jerusalén y el resto del país bajo el firme dominio romano, no les queda posibilidad alguna?

Más que las pérdidas sufridas en esas incursiones, molestaba a los romanos el perjuicio que causaban a su prestigio, al prestigio del gran Imperio Romano. ¿Cómo podían el gobernador local y su comandante mirar a sus amos imperiales si pareciera ser que eran incapaces de dominar a un pequeño grupo de rebeldes judíos? Pero, ¿cómo podrían hacerlo? Era necesario de una gran fuerza, de la que carecían los romanos durante más o menos el primer año, cuando estaban muy atareados en imponer el orden en el país después de la larga y sangrienta guerra.

Sin embargo, en 72 A.D., Flavio Silva, el nuevo procurador de Judea, consideró que al reinar la calma en el país y estar la población suficiente aterrorizada para aceptar el dominio romano, había llegado el momento de atacar la fortaleza que aún no había sido capturada: Masada. También es posible que hubiera recibido instrucciones directas de Roma para proceder así.

Flavio Silva era un general. Había sido uno de los principales comandantes de Tito en la conquista de Jerusalén. Si bien podía ser muy cruel, era un militar de destacada actuación, y no subestimaba al enemigo. Sabía que no sería fácil conquistar el alto monte, en especial si estaba defendido por celotes, a los que había

Vista aérea de Masada desde el noroeste. A derecha se ve la punta de la rampa romana.

conocido en Jerusalén como tenaces y valientes combatientes. Decidió avanzar hacia Masada con una gran fuerza, y dirigirla él mismo, porque no podía tomarse el lujo de una derrota romana. Una tal derrota no sólo atentaría contra el prestigio romano, sino que podría estimular insurrecciones similares en el resto del país.

Tenía que estar seguro de la victoria, de modo que movilizó a la afamada décima legión y otras tropas, entre 6.000 y 10.000 combatientes en total, para vencer a los aproximadamente mil defensores de Masada. Lo que no dejaba de ser un elogio a la persona de Eleazar Ben Yair. Además de sus guerreros, el General Silva agregó de 10.000 a 15.000 "portadores" -prisioneros de guerra- para transportar los suministros a través de la larga ruta por el desierto. El grupo de Eleazar, que en última instancia sumaba 960 hombres, mujeres y niños, haría frente a una fuerza enemiga que tenía ¡no menos de 16.000 hombres, y posiblemente llegara a 25.000!

Después de meses de preparación, Silva emprendió la marcha por el yermo con sus fuerzas. El viaje tan sólo habrá durado varias semanas, y la cantidad de provisiones y pertrechos que habrían llevado sería enorme. Como no encontrarían agua en el camino, tendrían que llevar consigo cada gota precisada, además de una reserva para el período inicial. Lo mismo se aplicaba en el caso de alimentos y leña. El problema de llevar víveres para miles de hombres -incluso si los prisioneros-esclavos recibirían muy poco- era colosal. Esta fuerza no hubiera emprendido un tal marcha sin realizar antes numerosos preparativos, en contraste de lo que hizo Eleazar. Su grupo era relativamente pequeño, todos tenían mucha prisa y estaban desesperados, por lo que no les importaba sufrir grandes privaciones y pasar hambre. Pero el ejército romano no estaba dispuesto a ello, en especial si con tantos prisioneros-esclavos era totalmente innecesario.

Eventualmente llegaron al pie de Masada, en la costa del Mar Muerto, el lugar habitado más bajo del mundo, a unos 400 metros bajo el nivel del mar. El General Silva examinó detenidamente el monte que había venido a conquistar, que se alzaba a 390 metros sobre el nivel del lago. Nadie ha relatado sus pensamientos, pero se puede suponer que haya percibido la imposibilidad de escalar las escarpadas alturas, con un grupo hostil en la cumbre, dispuesto a despeñar rocas o vertir aceite hirviendo sobre quienquiera intentase trepar.

A medida que rodeaba la montaña comprobó que si bien las empinadas laderas caían casi verticalmente en la mayor parte de esos 390 metros al norte, este y sur, en el lado oeste el abismo era muy pronunciado sólo en un quinto de esa altura. En ese lugar estaba el espolón, una especie de puente conocido como el "Risco Blanco", que unía el peñasco de Masada con la amplia meseta de Judea. Fue en esa dirección que Silva decidió emprender su ataque, y fue aquí, en la ladera occidental, donde estableció el campamento de su cuartel general.

Los anales de la campaña no indican si intentó asaltar la fortaleza poco después de llegar. Es muy posible que lo haya hecho, esperando obtener una victoria rápida al considerar que su vasta superioridad numérica neutralizaría la desventaja topográfica. Pero si obró así, fracasó; porque sabemos tanto por el relato y las estructuras que erigió, que se vio en la obligación de poner sitio a Masada y lanzar el ataque final cuando sus hombres y sus máquinas de guerra pudieron acercarse a la cúspide.

Construyó ocho campamentos en puntos clave alrededor de la base del monte, cuyos restos se ven hasta el día de hoy. Luego sus esclavos erigieron una potente muralla para apretar el sitio, un muro de circunvalación, que rodeaba totalmente la fortaleza. Tenía más de 3 kilómetros (3.475 metros para ser exacto) y 1,80 metros de ancho. En una sección, estaba reforzada por doce torres. La habría construido para evitar que los celotes atacasen a sus tropas y también para evitar que se escaparan. No es que Eleazar tenía el propósito de huir,

como pronto lo veremos. Pero Silva no lo debía saber, y estaba ansioso de matar y capturar a esa porfiada banda que ya había causado tanto dolor de cabeza a él y a su Imperio, y no quería que nadie se fugara.

Cuando se completaron todas esas obras, el General Silva inició la fase final de su operación, el propósito para el que había venido: el asalto y la captura de las alturas de Masada. El intento que sus tropas treparan por las empinadas laderas de la roca constituyó todo un fracaso. Los hombres no podían luchar y ascender a la vez, y desde luego que no lo podían hacer con sus pesadas armas; constituían un blanco muy fácil para los defensores en la cima. Silva habría pensado que el único medio para forzar las defensas de los celotes sería construir una rampa ascendente que llegara a la cumbre. A través de ella podrían avanzar sus tropas en filas cerradas, junto con su armamento y un ariete, el que embestiría con potencia contra un punto dado del muro fortificado con casamata de los celotes. Implica una ardua labor para muchos hombres. Pero contaba con sus prisioneros-esclavos, y no le importaba cuán penosa pudiera ser la tarea. Desde luego, los defensores arriba intentarían impedir las obras. Pero flechas y piedras lanzadas con catapulta les obligaría a agacharse y alejarse de la muralla.

¿Dónde sería el mejor lugar para construir la rampa? Evidentemente, en el "Risco Blanco", en el lado oeste, cerca de donde estaba su cuartel general. De aquí, la distancia a la cúspide de Masada era de tan sólo unos 75 metros, en comparación con los 360 ó 390 metros que se debían cubrir en las laderas norte, este o sur.

Por lo tanto, el general romano ordenó a sus hombres que construyeran esta sólida rampa sobre el "Peñasco Blanco". Apilaron tierra y piedras y las apisonaron para endurecer la superficie. Se usaron andamios de madera para completar la obra. Hasta el día de hoy se pueden ver como sobresalen las puntas de los maderos. La estructura era cónica, estrecha

en su parte inferior que se ampliaba hasta llegar a tener un ancho de 195 metros cerca de la muralla de Masada. Esa era también su longitud. Esta rampa, que está bien conservada, es una de las obras de cerco más sobresalientes de los romanos que todavía subsisten.

La rampa no llegaba a la cúspide de Masada, posiblemente porque la pendiente sería demasiado pronunciada o porque tal vez hubiera resultado demasiado difícil y exigido muchas vidas humanas. De cualquier modo, Silva resolvió el problema al crear una especie de pilar en lo alto de la rampa, que sirvió como base para una torre allí erigida, desde la que sus hombres pudieran dominar a los defensores.

Como lo relata Josefo: *"Al constatar que (la rampa) no era suficientemente fuerte (y alta) para soportar el peso de las máquinas (de guerra), erigieron sobre ella una suerte de plataforma compuesta de grandes piedras, de cincuenta codos (22 metros) de altura, y de la misma anchura. Sobre esa*

Vista aérea de Masada captada desde el noroeste. A derecha se ve claramente la rampa romana.

plataforma construyeron una torre de sesenta codos de alto (27 metros), que fortificaron con hierro. Además de sus máquinas (de guerra) comunes, tenían otra diferente, que había sido inventada por Vespesiano y fue luego mejorada por Tito. Desde la mencionada torre los romanos acometían a los sitiados con tan impetuosas lluvias de piedras y flechas, que tenían miedo de aparecer en las murallas. Silva dirigía su ariete contra el muro, hasta que finalmente éste fue dañado en varios lugares".

Lo que resulta evidente del relato de Josefo es que los romanos encaramados en la plataforma de la torre, lanzaban sus piedras y flechas contra los celotes, y de ese modo "cubrían" a los hombres que empujaban el ariete. Esta arma era usada para crear una brecha en la muralla defensiva, a través de la cual pudieran penetrar los invasores. Consistía de madera muy recia, y generalmente se empleaba el tronco de un gran árbol con un remate de hierro en su extremidad frontal. El tipo más avanzado estaba alojado en una "cuna" formada por cuerdas que caía suspendida del techo. Este sería seguramente el tipo de ariete usado por Silva, y sus hombres la hacían oscilar dando una y otra vez contra la muralla con toda su potencia. Los débiles muros de la casamata no tardarían en desmoronarse. Los soldados que manejaban el ariete se cubrían frecuentemente con una suerte de cubierta de cuero, que los protegían de las grandes piedras o el aceite hirviendo que los defensores les lanzaban. Sabemos que en Masada eran apoyados no sólo por sus camaradas sobre la torre, sino también por los lanzadores de catapulta, que disparaban desde pequeñas plataformas sobre el techo de la estructura de su propio ariete.

No es difícil imaginar lo que ocurría entre los celotes al ver que su muralla se desmoronaba, si bien por el modo como obraron entonces y lo que ocurrió más tarde, sabemos que no cundió entre ellos el pánico. Durante meses habían observado los preparativos de los romanos. Podían seguir cada paso que daban, y oír prácticamente todo lo que decían. (En esos parajes, la acústica es particularmente clara. Una vez, estando yo en la parte occidental de la muralla y un amigo mío abajo, en medio del campamento de Silva, pudimos mantener una conversación, sin que ninguno de los dos tuviera que hablar muy fuerte para hacerse escuchar. Por lo tanto, durante el sitio los hombres de Eleazar eran capaces de escuchar los insultos de los soldados de Silva, mientras que éstos oían muy bien las burlas de los defensores). Habían visto la llegada de los romanos, la creación de sus campamentos, la erección de su muralla en torno al monte y finalmente la construcción de la rampa.

Sabían lo que les esperaba. Habían sido sometidos a un constante "tiroteo" de proyectiles lanzados por los romanos. Desde un principio habían vigilado su muralla día y noche, para evitar que los romanos treparan a las alturas; y como veremos cuando nos referiremos a los hallazgos de la expedición reciente, mantenido pilas de munición -bolas de piedra- en puntos clave a lo largo de la muralla, para arrojarlas contra quienquiera osara intentarlo. Reforzaron la guardia a lo largo de la parte occidental del perímetro. Si bien al ver los preparativos comprendían que era por ese lado que Silva atacaría, por si ello fuere una estratagema de los romanos, una treta para engañarlos, mantenían un ojo avizor a todo su alrededor. Siendo tan pocos y disminuyendo su número al ser alcanzados por los proyectiles romanos, los varones eran los guerreros que defendían la fortaleza mientras que las mujeres y los niños mayores llevaban munición, transmitían mensajes de un sector al otro, atendían a los heridos, cocinaban sus magras raciones y distribuían el agua.

De la evidencia reunida podemos deducir que hasta los últimos días mantuvieron la esperanza de que pudieran resistir. A pesar de las terribles privaciones, su moral era alta. A medida que pasaban los meses y les parecía que los romanos reunidos abajo eran incapaces de derrotarlos, se sentían alentados. Les animaba el pensamiento que ellos, tan pocos, estaban manteniendo a raya a un gran ejército romano, dirigido por un conocido general. Siendo como eran muy devotos que conocían bien la Biblia, seguramente algunos habrán trazado una comparación entre su situación y la de David enfrentándose con Goliat, aunque el Goliat romano era infinitamente más poderoso.

Pero cuando se erigió la torre y llegó el ariete, Eleazar y los demás jefes con toda seguridad habrían comprendido que se aproximaba el desenlace. Ello no obstante, reaccionaron con una gran calma. Al ser incapaces de evitar que el ariete diera contra la muralla, porque se lo impedían las flechas y las piedras lanzadas por los romanos desde la torre, sabían que la casamata podría derrumbarse en cualquier momento. ¿Qué es lo que hicieron? Llevaron a todos los que pudieron a esta parte de la muralla que se estaba desmoronando, e improvisaron un muro interno, una empalizada. Esta era una obra que podía ser realizada con rapidez, aunque construida de tal modo que podía resistir mejor los embates del ariete. Lo que erigieron era de hecho una casamata de madera -dos muros paralelos creados con largas vigas-, aunque el espacio entre ellos no quedó vacío, sino que fue cubierto con tierra, y las vigas fueron clavadas en la estructura para evitar que la tierra se desparramara. Era una respuesta ingeniosa a la potente arma romana cuyos golpes, en lugar de hacer mayor daño, sencillamente apretaban la tierra hasta convertirla en una barrera cada vez más sólida y compacta.

Pero el General Flavio Silva, un soldado con experiencia, tampoco carecía de ingeniosidad. Como Eleazar, siguió siendo el comandante imperturbable cuando las cosas no le fueran bien, aunque le resultara muy difícil mantener esa postura, y evidentemente el cariz de la situación le era desfavorable ahora. Estaba comprobando que la gran arma en la que había depositado sus esperanzas, que de hecho había creado una brecha en el muro, era ahora ineficaz, impotente.

Sólo poco antes, cuando se le dijo que el muro estaba por desmoronarse, había imaginado a sus hombres irrumpiendo a través de la brecha y finalmente, luchando contra el enemigo. Este era el momento al que ansiaba llegar; para el que había empujado y estimulado a sus hombres durante largos y penosos meses, para que construyeran los campamentos, el muro de sitio, las torres y la gran rampa. El

El sitio romano de Masada, de la película homónima.

momento en que chocara con el enemigo. Lo podemos imaginar mirando y esperando al pie de la rampa, aguardando recibir a cada instante un parte de que el ariete ha cumplido su cometido, que se ha creado una brecha en la muralla y que sus hombres han penetrado en el recinto. Ya ha recibido las primeras noticias sobre la brecha. Luego, nada. Los minutos pasan, y no se depara movimiento alguno en la cima. Lo podemos ver impaciente, enviando a uno de sus lugartenientes para saber qué es lo que detiene el avance, y escuchar a su regreso que ha ocurrido un percance. Luego marcha a través de la rampa para ver por sí mismo, y contempla la nueva fortificación defensiva construida por los celotes.

Pasado su desengaño inicial y después de examinar la nueva muralla desde donde estaba, Silva habría decidido con celeridad lo que debía hacer. Atacaría su mayor debilidad: la madera. Ordenó a sus hombres preparar saetas incendiarias, y lanzarlas contra la nueva barrera. Así lo hicieron, y la madera no tardó en incendiarse. En cuestión de minutos, toda esa sección estaba ardiendo.

Entonces ocurrió un notable y muy raro suceso. El romano Silva era un comandante demasiado experto para no haber pensado sobre el viento, antes de impartir la orden de prender fuego a la muralla del enemigo. Desde su punto de vista, el viento soplaba en la dirección indicada: hacia la cumbre de Masada, llevando las llamas con él. Pero repentinamente el viento cambió de dirección, y avivó las llamas de vuelta a los romanos, amenazando incendiar su torre y el ariete.

Josefo nos cuenta que este extraño evento *"sumió a los romanos en la desesperación"*. Bien podemos imaginar cómo se renovaron las esperanzas de los celotes judíos, a contados metros de allá. De hecho, cuando pensamos en esas horas decisivas de aquel día tan lejano -corría entonces el año 73 A.D.-, nos sorprende la rápida sucesión de altibajos experimentados por ambos lados. El júbilo de Eleazar era la tristeza de Silva, y la desesperación romana era la esperanza de los celotes. Ahora, con el cambio de la dirección del viento, las defensores habrían pensado que la Providencia había acudido en su ayuda a último momento.

Pero las esperanzas pronto se esfumaron, tan pronto como el viento volvió a soplar en dirección contraria, llevando y avivando las llamas contra la muralla convirtiéndola, según dice Josefo, en una sólida masa ardiente. Durante la reciente expedición, los arqueólogos ocasionalmente experimentaron este curioso fenómeno, cuando el viento prevaleciente se volvía hacia sí mismo por unos momentos, y repentinamente recobraba su dirección anterior.

"Entonces -dice Josefo- los romanos volvieron a su campamento muy animados y determinados a atacar al enemigo al alborear el nuevo día, y mientras tanto, colocaron una guardia numerosa para que sus adversarios no huyeran durante la noche".

Pero el jefe de los celotes judíos, Eleazar Ben Yair, no pensaba escaparse, por lo menos no del modo como los romanos pensaban. Sabía, empero, que había llegado el momento de la gran crisis. El embate del ariete había cesado. No se lanzaban piedras ni disparaban flechas desde la torre. Había oído a los soldados romanos cuando marchaban descendiendo de la rampa, y había escuchado sus comentarios sarcásticos mientras se iban. "Ya nos veremos mañana", habían exclamado mofándose de los celotes, y Eleazar sabía lo que ello significaba. Con el muro abierto y la muralla de madera ardiendo, nada quedaba ahora entre su pequeño grupo con sus escasas armas y la enorme potencia del ejército de Silva. Cuando los romanos volviesen a atacar durante la mañana, irrumpiendo a través de la brecha, para luchar cuerpo a cuerpo con los celotes, sería imposible resistir ante su abrumadora superioridad numérica y de su armamento. Incluso si cada soldado celote combatiera hasta el fin, vendiendo cara su vida, no se podía poner en tela de juicio cuál sería el desenlace. A ello seguiría la matanza de los sobrevivientes o, peor aún, la tortura y el cautiverio. Podía ver a las mujeres y los niños arrastrando sus cadenas por las calles de Judea y luego probablemente de Roma, como un ejemplo de lo que habría de ocurrir a quienes osaran desafiar la autoridad romana, y acabarían sus días en la esclavitud.

Estos eran los tristes pensamientos de Eleazar mientras que contemplaba cómo las llamas devoraban el improvisado muro. Apenado no por la vida que había llevado ni la valiente lucha que había librado, sino por el modo como estaba terminando: en una victoria romana y no con la libertad judía. Entristecido, sobre todo, porque el Señor los había abandonado a su suerte. Solitario, porque en momentos tan decisivos, cada comandante se siente solo. Sabía ahora la decisión que había de adoptarse. El razonamiento lógico le indicaba que tenía dos posibilidades: entregarse o morir. Tan pronto como terminó de construir la rampa, el General Silva le había instado a que se entregara. Como ya se ha dicho, ambas fuerzas estaban a una distancia en la que podían comunicarse, y cuando no disparaban contra los celotes los romanos les gritaban: "Entregaros. No tenéis otro remedio, sino capitular". Pero los defensores no habían contestado o rechazado con desdén tales exhortos. Ahora, inmediatamente después que las flechas incendiarias habían sellado su suerte y antes de irse, los romanos los habían exhortado otra vez a que se rindieran. Al recibir una respuesta desdeñosa, se habían alejado prometiendo volver a la mañana siguiente.

Entregarse, pues, era inconcebible. Lo único que restaba era... morir. Con esta resolución en su mente, Eleazar reunió a sus compañeros y pronunció lo que puede ser calificado como una de las arengas más dramáticas de la Historia, que resulta aún más emocionante si se tienen en cuenta las circunstancias. Eso fue relatado por los únicos supervivientes: dos mujeres y cinco niños que no cumplieron el plan de Eleazar y se ocultaron. Y ha sido conservado para nosotros en los escritos de Josefo.

Estas fueron las palabras de Eleazar ben Yair formuladas en esa noche fatídica en la cumbre de Masada, a la luz de las llamas que consumían el muro.

"Ha sido siempre, mis amigos, la costumbre del pueblo de nuestra nación negar la autoridad de cualquier otro señor que no fuera el gran Soberano del universo, el Dios eterno, y así hemos obrado frente a los romanos o cualquier otro pueblo. Ha llegado el momento en el que hemos de demostrar nuestra sinceridad por medio de nuestra conducta; por lo tanto, obremos como hombres de resolución.

"Hasta ahora hemos hecho frente a todos los riesgos a fin de conservar nuestra libertad, pero ahora sólo podemos esperar la esclavitud y el martirio de los castigos si el enemigo nos toma vivos, ya que hemos sido los primeros en oponernos a su dominio y los últimos en resistir. Siendo pues éste el caso, podemos considerar un favor si se nos permite elegir la clase de muerte para perecer, un privilegio que ha sido negado a tantos de nuestro pueblo.

"Mañana seremos esclavos si no conseguimos nuestra libertad esta noche. Y esto lo podemos hacer de un modo que nuestros enemigos no pueden evitar. Su mayor ambición es hacernos prisioneros, y es inútil que intentemos seguir luchando contra ellos... porque la Providencia ha dictado nuestra destrucción. El viento y el fuego que causaron la destrucción de nuestro nuevo muro brinda una prueba de lo justo que es esta observación; ya que no podemos pensar que el repentino cambio de ese viento no fuera otra cosa que un castigo de los pecados que hemos cometido uno contra el otro. Admitiendo, pues, que nuestro castigo es justo e inevitable a la vez, lo que resta es hacer justicia a nosotros mismos, en lugar de dejarla en manos de los romanos victoriosos, para que sean los ejecutores de la venganza del Cielo. Al obrar de ese modo

podemos mantener intacto el honor de nuestras esposas y proteger a nuestros niños de la esclavitud. Así dictaremos nuestras condiciones y moriremos libres. Pero antes hagamos que las llamas devoren la fortaleza y nuestras posesiones, para que no nos lleven prisioneros ni encuentren ningún botín, e incluso lamenten la posesión del lugar. Sólo una cosa habremos de conservar: nuestro depósito de comestibles. Para que sea testimonio que si morimos no es porque nos hemos visto obligados a ello por el hambre, sino porque, como lo decidimos en un principio, elegimos la muerte antes de la esclavitud".

No todos respondieron del mismo modo al llamamiento de Eleazar. "Algunos -cuenta Josefo- estaban dispuestos a obrar como lo había exhortado, considerando que la muerte era preferible en su presente situación, mientras que otros, por su carácter compasivo y bondadoso, sintieron piedad por sus esposas y familias, y desde luego también, por el hecho que debían ser sus propios verdugos. Y mientras que se miraban mutuamente, las lágrimas en sus ojos traicionaban los sentimientos de sus mentes". Así es que Eleazar, dirigiéndose en forma particular y con la mayor sinceridad a quienes estaban llorando, les dijo:

"...¿Acaso habrá alguno que no carece del espíritu común del hombre que desee ver otra vez cómo sale el sol? ¿Puede haber alguien que tenga a tan poca consideración a su patria, que tenga tan poco valor, que no se arrepienta de haber vivido hasta ahora? Ojalá hubiéramos todos perecido, en lugar de ser testigos de la bestial destrucción de Jerusalén, convertida en un montón de escombros.

"Sin embargo, siempre y cuando había esperanza, no nos ha abandonado el coraje y no nos hemos sumido en la desesperación. Pero como ya no tenemos razón alguna de esperar que ocurra una circunstancia tan auspiciosa, nos vemos impelidos por la ine- vitable necesidad de cumplir la diligencia que se nos impone. Tengamos nosotros mismos compasión de nuestras esposas, de nuestros niños y de nosotros mismos, y hagámoslo con prontitud. Hemos nacido para morir; y la misma suerte corre el cobarde como el valiente. Pero el ultraje, la esclavitud y la visión de nuestras mujeres e hijos llevados con afrenta, son infortunios que pueden ser sufridos naturalmente, ya que quienes los padecen lo hacen por su propia cobardía si tuvieron la posibilidad de preferir la muerte y rehusaron padecerla.

"Hemos tenido la valentía de rechazar a los romanos, de desafiar a quienes se llaman nuestros amos, de rechazar ahora, en esta fase final, lo necesario para salvar nuestras vidas. ¿Acaso habrá alguien que ignore u olvide esas circunstancias de prendernos vivos?

"Es una reflexión triste y penosa considerar la situación de nuestros ancianos y nuestros jóvenes cuando sean subyugados. Los primeros perecerán por los tormentos, los otros seguirán sufriéndolos hasta que les abandonen las fuerzas. El esposo habrá de ser testigo de la violación de su mujer; y el padre oír la voz de su hijo pidiendo clemencia de sus cadenas.

"Ahora, cuando la libertad todavía es nuestra, cuando tenemos las espadas en nuestras manos, hagamos de ellas un uso tan bueno para conservar nuestras libertades, rodeados por nuestras mujeres y niños. Obremos con prontitud. El reconocimiento eterno será nuestro por haber privado a nuestros enemigos del gozo de capturarnos, y no dejarles nada como triunfo salvo los cadáveres de quienes osaron darse la muerte por sus propias manos".

Estas fueron las palabras de Eleazar. Ahora la respuesta fue unánime. "Eleazar -escribe Josefo- tenía muchos otros argumentos que formular, pero la gente le interrumpió con las expresiones más evidentes de su propósito de cumplir con lo que había propuesto". Siempre y cuando hubo esperanza, lucharon creyendo también que eran el instrumento de la voluntad del Señor, a través de la cual los romanos serían vencidos y los judíos recobrarían la libertad. Pero ahora, cuando el desastre era inevitable, resultaba evidente que la voluntad de Dios era lo contrario de lo que habían esperado, y por lo tanto la muerte era la salvación. Les quedaba poco tiempo, y se apresuraron a realizar el terrible acto que debían cumplir.

Lo que ocurrió seguidamente es relatado por Josefo con palabras emocionantes. Resulta extraño porque, como se verá más adelante, Josefo era muy odiado -y con buenas razones- por los celotes, y éste los aborrecía a su vez con la misma intensidad. Era un hombre que había tratado de congraciarse con sus amos de Roma, y todos sus escritos fueron pro-romanos. Y sin embargo se habría sentido tan impresionado por el modo de proceder del grupo de Eleazar, que al describir los sucesos de Masada no pudo evitar que admirara su espíritu tan valiente, tan diferente de su modo de obrar. Y esto es lo que dice:

"Tan apasionados estaban todos en matarse a sí mismos y a sus familias que, cuando tuvieron que dar prueba de su decisión, ni un solo hombre dejó de cumplir esa pavorosa prueba. Mantuvieron su más acendrado afecto por cada uno hasta el último momento, considerando que no podían rendir una prueba más elocuente de su amor.

Ahora, se cumple el acto.

"Mientras que abrazaban llorando a sus esposas e hijos por última vez, los apuñalaban consolándose sin embargo porque ello no lo hacían sus enemigos. Consideraban que era necesario proceder así para justificarse, y pensaban que únicamente daban muerte a sus seres queridos y sus mejores amigos que evitar que cayeran en manos de los romanos. En una palabra, no hubo un sólo hombre que careció del coraje necesario para obrar así...

"Quienes habían sido los principales causantes de la matanza, ya sin poder seguir sufriendo el dolor que les había causado, resolvieron no sobrevivir a quienes habían degollado, e inmediatamente reunieron todos sus efectos y los prendieron fuego. Luego echaron suertes para elegir a los diez varones que debían dar muerte a los demás. Josefo prosigue:

"Los que fueron elegidos abrazaron los cuerpos de sus seres queridos muertos, y gustosamente se resignaron a perecer en manos de sus verdugos. Cuando esos diez hombres hubieron realizado su terrible tarea, volvieron a echar suertes para decidir quién de los diez habría de matar a los demás, y luego a sí mismo. De tal modo se confiaban entre sí, que ninguno consideraba ser diferente del otro ni en la ejecución de la matanza ni en su sufrimiento.

"Las nueve víctimas murieron con la misma determinación que sus compañeros. Y el último, luego de haber examinado a los muertos en caso de que entre ellos hubiera alguien que aún precisara de su ayuda para perecer, se lanzó sobre su espada entre los demás, luego de haber incendiado el palacio.

"Así fallecieron todos, creyendo que ningún judío caería en manos de los romanos. Pero luego se comprobó que una anciana y otra mujer parienta de Eleazar, superior a la mayoría de las mujeres en educación e inteligencia, había sobrevivido junto con cinco niños. Se habían ocultado en los conductos subterráneos que traían el agua. Incluyendo a mujeres y niños, no menos de novecientos sesenta personas habían muerto. Este terrible episodio ocurrió a los quince días del mes de abril.

"Al amanecer los romanos prepararon sus escaleras para emprender el ataque. Pero quedaron muy sorprendidos al no escuchar ruido alguno que no fuera el chisporroteo de las llamas, y estaban totalmente desconcertados sobre qué había ocurrido. Así es que gritaron fuertemente, para saber si serían atacados, esperando obtener respuesta. Este ruido alarmó a las mujeres que estaban escondidas, las que al salir de los albañales relataron a los romanos lo que

en verdad había pasado, contando una de ellas en lúcidas palabras el discurso de Eleazar y los actos que le habían seguido. Sin embargo, les pareció la historia tan extraordinaria que no podían dar crédito; y se dedicaron a apagar el incendio. Y al seguir su camino hasta que llegaron al palacio, en donde encontraron la muchedumbre de muertos formando grandes montones."

"En lugar de regocijarse, como era de esperar, por el triunfo conseguido sobre sus enemigos, se maravillaron al ver la determinación, la virtud y la dignidad que habían dado prueba los judíos, que en tan gran número y en forma tan obstinada habían menospreciado la vida para darse la muerte."

Esta es, por lo tanto, la historia de Masada tal como nos ha llegado en los escritos de Josefo. Este fue el drama que inspiró al Dr. Yigael Yadin, profesor de arqueología de la Universidad Hebrea de Jerusalén, a realizar una profunda excavación en ese lugar.

El diccionario define la arqueología como el estudio de antigüedades. Sería tal vez más simple considerarlo como la exploración del distante pasado. La historia también es el estudio del pasado, pero el historiador puede sentarse en una cómoda silla frente a su escritorio o en una biblioteca, para tratar de comprender lo que ocurrió al leer los anales del período que le interesa. El arqueólogo también consulta las crónicas. Pero va al lugar en donde se registraron los eventos, comienza a excavar para desenterrar las ruinas u objetos que las gentes de otros tiempos dejaron tras sí. Luego, tras el cuidadoso estudio de lo que encuentre, puede esbozar un cuadro de la vida en aquella época y recrear los eventos que tuvieron lugar. Por lo tanto, al examinar las ruinas y los objetos de una ciudad antigua, los arqueólogos nos pueden decir lo que la gente vestía hace dos, tres o más milenios, lo que comían, a qué trabajo se dedicaban, en qué clase de casas o cuevas vivían, cómo estaban organizados y cómo luchaban. Si el arqueólogo tiene la suerte de encontrar algunos antiguos escritos, que frecuentemente podrán ser leídos de inmediato por algún experto, o si están en una lengua desconocida, serán eventualmente descifrados, será capaz de decir lo que la gente pensaba entonces y obtener mucha información adicional.

Un arqueólogo puede estar interesado en un lugar sobre el que existen crónicas, como Masada y el relato de Josefo. Lo que encuentre al excavar puede demostrar que esos escritos son verdaderos o falsos y, de ser verídicos, pueden agregar una importante información a la ya conocida. Por ejemplo, la Biblia nos cuenta que el Rey Salomón construyó caballerizas y fortificaciones en Hazor, Meguido y Guezer. Durante una expedición arqueológica a Hatzor y en excavaciones realizadas en Meguido y Guezer (también llevadas a cabo por Yadin), los expertos encontraron los portales de piedra y las murallas de esas ciudades, que los arquitectos e ingenieros del Rey Salomón habían construido en el décimo siglo A.C., hace casi tres milenios. ¿Acaso el relato de Masada demostraría ser cierto o falso? Y de ser verdadero, ¿encontraría la expedición de Yadin evidencia física de su dramático fin? ¿Hallaría los esqueletos de los celotes? ¿Descubriría las cenizas de los incendios que consumieron sus posesiones? ¿Habría allá restos de las flechas y las bolas de piedra que los romanos habían lanzado durante el sitio? ¿Acaso encontrarían restos de la comida que había quedado en los depósitos por orden de Eleazar? ¿Hallarían algún indicio de cómo vivían los celotes?

Lo que tal vez fuera lo más importante de todo, era la pregunta que se planteaba Yadin sobre si encontrarían rollos u otros documentos escritos que hubieran dejado los celotes. Estos, que eran judíos muy ortodoxos, tendrían que haber tenido algunos textos sagrados, ya fuera rollos manuscritos de los libros de la Biblia.

Arriba: *El Prof. Yadin lleva a Ben Gurión a la parte inferior del palacio de Herodes.*
Abajo: *El teleférico que asciende a la cumbre.*

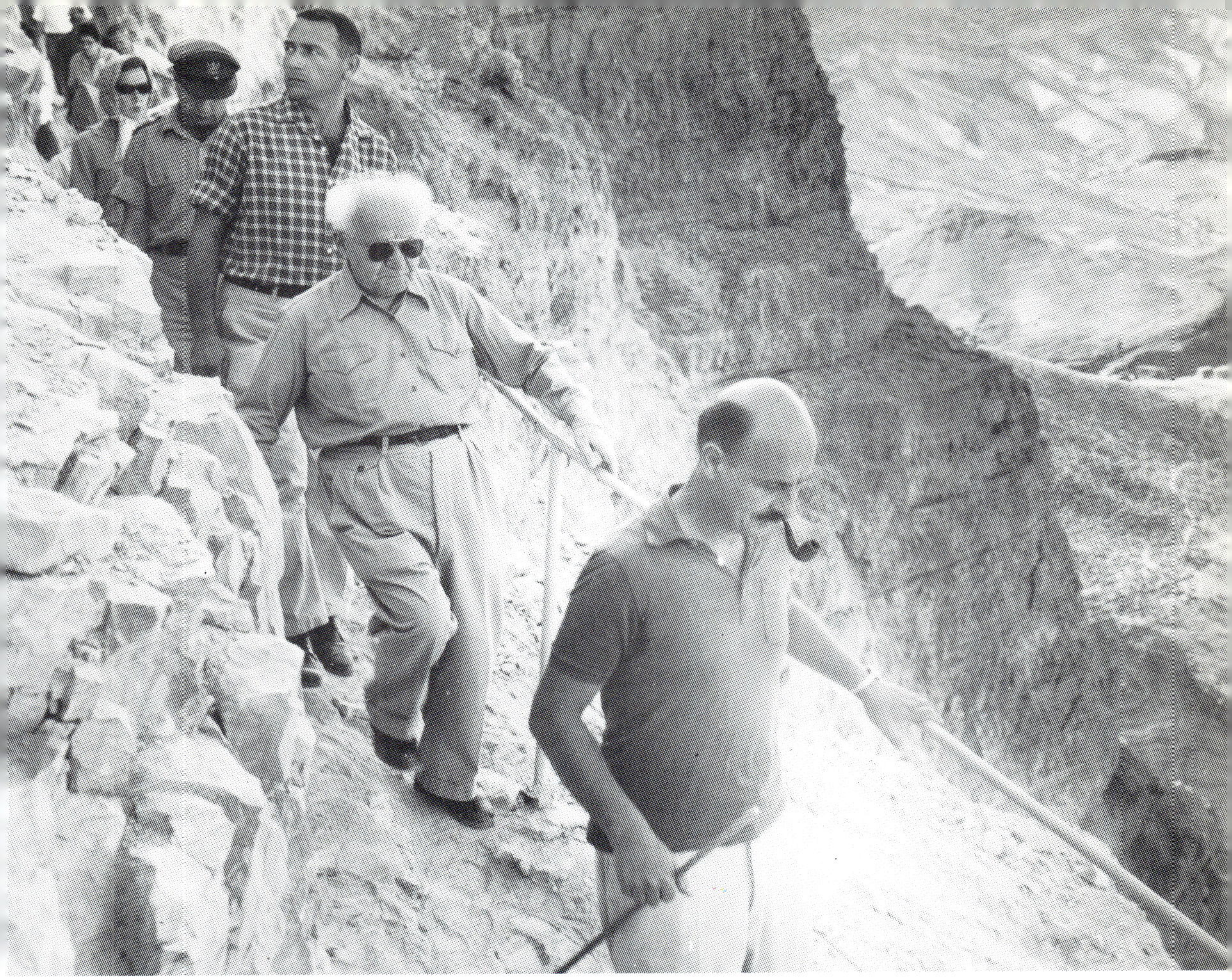

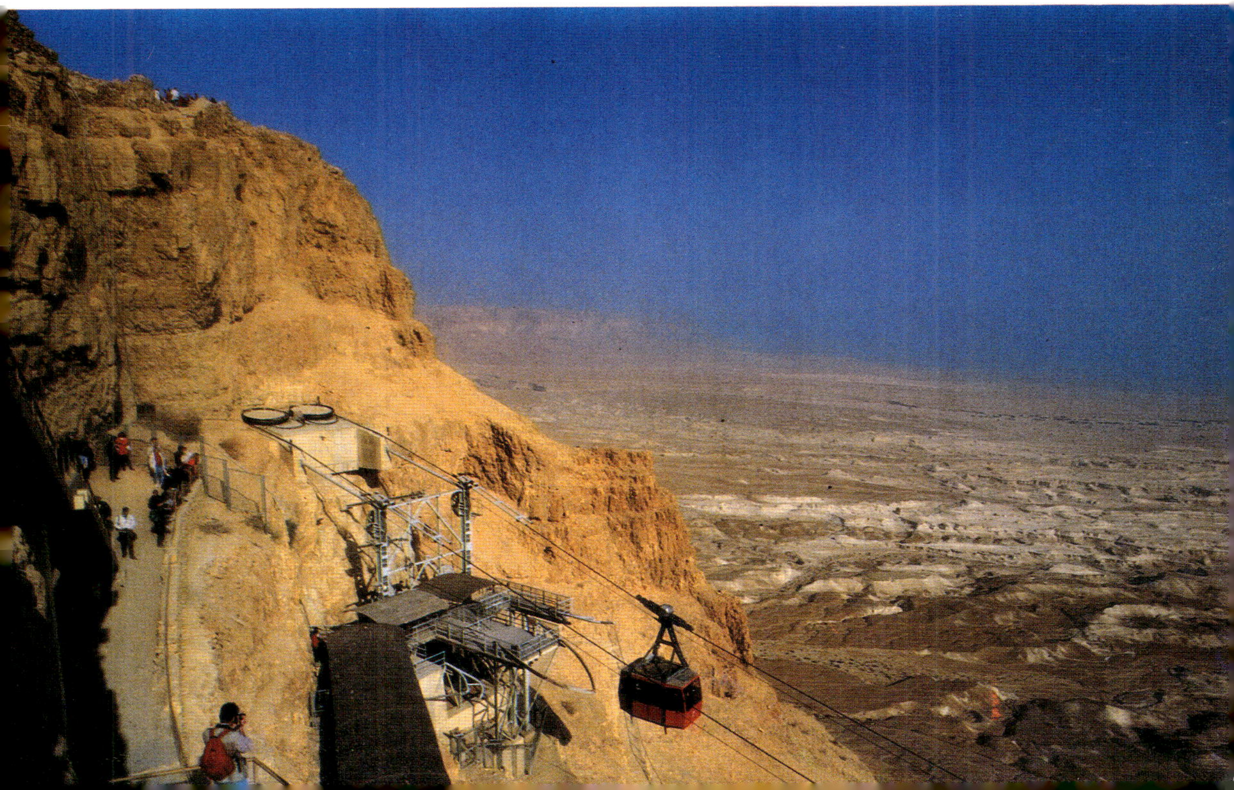

libros de rezos u otros documentos sagrados. Sería muy extraño que hubieran permitido que cayesen en manos de los paganos romanos, y era muy posible que los hubieren enterrado antes de que se suicidaran. Si nadie los hubiese tocado desde entonces, se encontrarían probablemente en buen estado de conservación. Porque el clima en la región del Mar Muerto es cálido y seco, y los objetos que no se manosean pueden conservarse durante muchos siglos. Al fin y al cabo, Masada se encuentra a menos de cincuenta kilómetros de las cuevas de Qumran, en donde se hallaron los famosos Rollos del Mar Muerto. De ser encontrados, los documentos bíblicos de los celotes serían de particular interés histórico. Posiblemente fuesen los documentos de su índole más antiguos, y podría determinarse en forma precisa y positiva que habían sido escritos, a más tardar, ¡en el año 73 A.D.!

De hecho, cualquier objeto encontrado entre los restos de los celotes -de demostrarse que la historia era cierta- tendría la gran y rara ventaja sobre la mayor parte de otras excavaciones arqueológicas, de tener una fecha precisa. Ello también contribuiría a conocer la antigüedad de otros objetos hallados en otros lugares excavados en la región: objetos de alfarería, trozos de tela, armas, estilo de los edificios, etc. Otorgar una fecha exacta a un descubrimiento es una de las más importantes y difíciles tareas de los arqueólogos.

Pero si la historia de los celotes es lo que atrajo a Yadin a Masada, una vez iniciadas las excavaciones su ámbito de interés sería mucho más amplio. Trataría de encontrar y estudiar las ruinas de todos los edificios construidos por Herodes, y de ese modo contribuiría en gran medida a nuestro conocimiento de la arquitectura romana y los métodos de construcción durante el primer siglo A.C.

¿Había sido Herodes el primero en fortificar Masada? Josefo afirma que algunas obras de

Vista aérea de Masada mostrando las excavaciones de los edificios herodianos.

fortificación fueron realizadas por "Jonatán el Sumo Sacerdote". ¿A qué Jonatán o Yonatán hacía alusión? La mayor parte de los entendidos sostienen que era Jonatán el Macabeo (hermano del gran Judas Macabeo), que fue jefe del Estado Judío a mediados del segundo siglo A.C. Pero bien hubiera podido ser Alejandro Janeo (el sobrinonieto de Jonatán el Macabeo), el monarca judío que reinó a principios del primer siglo A.C. y que también era conocido como "Jonatán el Sumo Sacerdote". Este era otro de los problemas arqueológicos que la expedición de Yadin trataría de resolver.

Ahora, convendría dedicar unas palabras acerca del hombre cuyos escritos han mantenido vivo el relato de Masada: Flavio Josefo. Si no hubiera sido por él, la historia jamás hubiera sabido cuál fue el último punto de resistencia judía frente a los romanos. Sencillamente, la narración del trágico episodio de los celotes hubiera desaparecido con ellos. Josefo era un judío, nacido en Judea en el año 35 A.D., que llegó a ocupar altas posiciones en el Estado Judío, y luego traicionó a su propio pueblo. Su nombre original había sido Yosef Ben Matatiahu, y adoptó el de Josefo Flavio, luego de ese acto de traición. Cuando era joven estudió la Ley Judía y aparentemente fue un estudiante muy brillante. Luego se convirtió en un sacerdote. En el año 64 buscando, como se ha dicho, enderezar las injusticias cometidas por las autoridades romanas del país contra algunos de sus amigos, que también eran sacerdotes, visitó Roma. Allí pudo conocer a la emperadora, la esposa de Nerón, y a través de ella, establecer relaciones con algunos romanos en altas posiciones.

Al regresar a Judea encontró a sus compatriotas muy convulsionados a punto de rebelarse contra la tiránica autoridad de la administración romana. Como quien acababa de regresar de Roma, y había quedado impresionado por el poderío del Imperio Romano, se dice que argumentó contra ese propósito revolucionario judío. Desde luego, no se le escuchó, pero tampoco se dudó de su lealtad, y luego de estallar la insurrección en 66 A.C. fue enviado a la Galilea como gobernador, para velar por los intereses de las fuerzas patrióticas judías. Sin embargo, tropezó con la enérgica oposición de los patriotas de la Galilea, que sí pusieron en tela de juicio su confiabilidad, y exhortaron a los jefes de la revuelta en Jerusalén que lo llamaran de vuelta. De algún modo Josefo consiguió obtener la confianza de Jerusalén, y se quedó en su puesto.

En base a lo que Josefo escribe sobre sí mismo -y escribió mucho sobre el tema- se desprende que quienes dudaron de él tenían toda la razón. Ya que una vez que los romanos comenzaron a ganar en la Galilea, vio "el fin inevitable que les esperaba a los judíos y supo que el único medio de salvarse era un cambio de parecer". Hablando de sí mismo en tercera persona, dice que "estaba seguro que sería perdonado si pasara al bando de los romanos", pero por el otro lado, "hubiera muerto una y otra vez en lugar de traicionar a su patria y no cumplir la confianza en él depositada, a fin de congraciarse con quienes había sido enviado a luchar".

Sin embargo, escribió esto varios años después del suceso, y es posible que estaría intentado justificar su traición para la posterioridad. De hecho, cuando combatió contra los romanos luchó bien, y adiestró debidamente a sus soldados tratando de organizarlos en una fuerza regular similar a las legiones romanas. Con la llegada de Vespasiano y su considerable ejército en 67 A.D., reunido para aplastar la revuelta judía, pronto comenzaron a caer las ciudades judías de la Galilea. Josefo se vio obligado a retroceder de una línea a otra, hasta que finalmente se refugió en un lugar llamado Jotapata, un bastión montañoso de la Galilea. Allí él y su hombres lucharon gallardamente con gran coraje y astucia, manteniendo a raya a los romanos durante 47 días. El propio Vespasiano, dice Josefo, dirigió el sitio y los asaltos. Con él estaba su hijo Tito. Vespasiano sabía que Josefo era el comandante del enemigo, y que con su captura se

desmoronaría la resistencia judía en la Galilea. Qué hombre extraño era Josefo: un brillante abogado, teólogo, administrador, guerrero y escritor. El mismo dice que mientras luchaba con tantos bríos contra los romanos, ¡ya estaba pensando cómo podría unirse a ellos! El medio que eventualmente usó hace que sean más extrañas sus emocionantes frases para describir el fin de Masada. ¿Cómo se justifica a sí mismo? Pretendiendo que había sido inspirado por una profecía, al ver que Dios estaba castigando a los judíos y favoreciendo a los romanos *"y porque Tú eligiste mi espíritu para hacer conocer estos hechos, me entregué voluntariamente a los romanos a fin de poder vivir, pero solemnemente declaro que voy, no como un traidor, sino como Tu sirviente"*.

Cuando Jotapata cayó, Josefo logró huir y ocultarse en una cueva junto con cuarenta hombres que se escaparon de la masacre. Tres días más tarde los romanos encontraron el escondite y, escribe Josefo, "Vespasiano envió inmediatamente dos tribunos... con órdenes de ofrecer a Josefo un salvoconducto y persudiarle a que saliera". Este quería obrar así, pero ello disgustó a sus compañeros, sorprendidos que "amara tanto la vida" para estar "dispuesto a vivir como un esclavo". Le amenazaron con matarlo con sus espadas si se entregara a los romanos en lugar de "echarse sobre su propia arma y morir de un modo digno, propio de un general de los judíos".

Luego se produce una traición por medio de un truco, un episodio que recuerda en parte la última noche en Masada, ¡aunque no hubo traición allá! Lo raro de la historia, que relata el propio Josefo, es que afirma abiertamente que usó una "estratagema" para engañar a sus cuarenta compañeros. Al comprobar que estaban perdidos y dispuestos *"a destruirse a sí mismos en lugar de someterse a Roma"* los convenció al *"hablarles en un modo autoritario, llamando a uno por su nombre, tomando a otro de la mano, tratando de atraer la atención de los demás con argumentos y cualquier otro medio que* consideró ser el más adaptado para conseguir la finalidad que se proponía". Luego les habló del "horrible crimen del suicidio" y sugirió un plan diferente. En lugar de quitarse la vida, por qué no echar suertes, y el número dos mataría al número uno; el tres, al dos; el cuatro, al tres, y así sucesivamente. De ese modo "evitaremos quitarnos la vida". Accedieron, y "ya fuera por azar como por la Providencia", Josefo sacó el último número. Al ser uno de los dos supervivientes, y no deseando matar ni perecer, convenció a su víctima conservar la vida.

Al entregarse fue llevado ante Vespasiano. Tito estuvo presente en el encuentro. Josefo sorprendió al general al decirle: "Estoy autorizado por el Todopoderoso para referirle un asunto de la mayor importancia". Era por eso que se había "sometido a caer prisionero" en lugar de haber "obrado del modo que corresponde al carácter de un general judío... y perecido". ¿De qué se trataba? Vespasiano sería emperador, dijo, y su hijo Tito gobernaría después de él. Luego sugirió que se le mantuviera preso, y que si la profecía no se cumpliese, se hiciera con él lo que se quisiera.

Vespasiano debe haberse quedado intrigado por tan extraño modo de proceder, porque accedió a ello. Dos años más tarde fue proclamado emperador, y Josefo recobró la libertad, fue tomado bajo la protección de Vespasiano, se le otorgó una pensión y la ciudadanía romana, y se le concedió una propiedad en Judea.

Fue entonces, cuando tenía treinta y dos años, que comenzó a escribir los siete volúmenes de la historia de "Las Guerras de los Judíos con los Romanos", al que siguió "Las Antigüedades de los Judíos" de veinte tomos y otras numerosas obras. Ya he dicho antes que sus libros sobre las guerra de los judíos son pro romanos... y pro Josefo. Sin embargo, tomando en cuenta su propensión y prejuicio, es posible comprender mucho de lo que ocurrió en aquella época. Algo lo sabemos solamente en base a lo que escribió: por ejemplo, la historia de Masada. Lo que nos resulta de particular importancia y también lo era para la expedición de Yadin, es que Josefo fue un historiador muy detallado. No dejaba de mencionar cualquier hecho por insignificante que pudiera ser. No todos sus detalles pueden ser exactos, pero un estudio preliminar de las características físicas de Masada demostraron que la mayor parte de sus detalladas descripciones se atenían a la verdad, y sirvieron como una guía excelente para saber qué buscar y dónde excavar. ¿Acaso los arqueólogos constatarían que su historia de los celotes también era correcta? *

La respuesta fue brindada 1900 años más tarde por otro general judío, aunque muy diferente, que también nació en "Judea": el profesor Yigael Yadin, que había sido Jefe de Operaciones durante la Guerra de Liberación de Israel en 1948, y luego Jefe de Estado Mayor hasta que dejó el Ejército para dedicarse a la arqueología.

* Para quienes deseen leer a Josefo se ha de agregar que escribió sus libros en griego, aunque existen varias traducciones al castellano.

2. LOS PREPARATIVOS

Masada fue excavada por la expedición de Yadin en dos temporadas, de octubre de 1963 a mayo de 1964 y de noviembre de 1964 a abril de 1965. Pero hasta que se introdujo la primera pala en la tierra en el primer día de la excavación, transcurrieron muchos meses de arduos y cuidadosos preparativos y la superación de múltiples obstáculos.

Al planear una expedición arqueológica, se debe velar para que haya no sólo elementos profesionales tales como papel apropiado para dibujar las antigüedades, sino también satisfacer necesidades tan simples pero esenciales como comida para la expedición, agua para beber y asearse y un lugar en donde dormir. Es necesario establecer un campamento, y se ha de decidir dónde instalarlo. Ya que Masada, como muchos otros lugares arqueológicos, está lejos de la ciudad más vecina, se precisar tener comunicaciones y cómo mantener el contacto con el "resto del mundo", por qué medios llevar a la gente al lugar, cómo traer el equipo pesado necesario para las excavaciones. Asimismo, y antes de comenzar la tarea, se debe contar con un plan para saber dónde comenzar a excavar, por dónde proseguir las excavaciones, y qué proporción del lugar se propone desenterrar durante el tiempo que se dispone.

Así es que meses antes de octubre de 1963

Yadin y sus principales ayudantes arqueológicos habían visitado la zona y realizado varios estudios del lugar, algunos en helicóptero.

El primer problema de Yadin era dónde establecer su campamento. En este caso, sus consideraciones se asemejaban en gran medida a las que tomó en cuenta en su tiempo el General Silva.

¿Debía instalarlo al pie de la ladera oriental y ascender y descender cada día por el sendero de la serpiente? No sería tan peligroso como lo fue para los hombres de Silva, con los defensores hostiles en la cima, pero resultaría muy cansador.

Por otra parte, un campamento en ese lugar ofrecía varias ventajas. Había una moderna ruta asfaltada que llegaba al lugar, vía Beer Sheva y Sdom. Además, se podría obtener agua de un albergue juvenil cercano, cuyos comedores y dormitorios podrían también servir para alojar a los grupos.

O, ¿tal vez debería montar el campamento cerca de la ladera occidental de Masada, como lo había hecho Silva? Allí la gran ventaja residía en la facilidad con que se podría llegar a la cumbre del monte. Los excavadores podrían usar el sendero poco escarpado que había junto a la rampa romana construida por Silva. Es cierto que ese camino no llegaba hasta la cima, pero se podría instalar una escalera en la parte abrupta del monte.

Pero un campamento al oeste de Masada adolecía de serias desventajas. En primer lugar, el mejor sitio ya había sido elegido, y algunas partes estaban bien conservadas. Ningún arqueólogo está dispuesto a establecer su sede en medio de un lugar arqueológico, y desde luego que no en un paraje que sería excavado o, por lo menos, debidamente examinado.

El mayor inconveniente era que no había ninguna carretera. Entre la ruta asfaltada cerca del sendero de la serpiente y la ladera occidental yacía una barrera infranqueable: ¡la propia roca de Masada! De modo que no se podría usar la carretera, y no había ninguna ruta que llegara del este a Masada a través del desierto de Judea. El nuevo camino occidental, concluido unos meses antes, llegaba a la población del desierto Arad, cuya edificación recién había comenzado, situada a unos 32 kilómetros de Masada. Desde allí sólo había angostos y escarpados senderos, en parte cubiertos por grandes rocas y en parte cruzando un terreno muy accidentado con "escalones" y hoyos, que lo hacían intransitable a vehículos. Incluso si esas sendas fueran mejoradas, sólo serían aptas para jeeps o camiones con tracción en sus cuatro ruedas.

El mismo problema se planteaba en cuanto a agua y electricidad se refiere. Las tuberías y los cables eléctricos estaban en la parte este de Masada, y los que había al oeste llegaban sólo hasta Arad. El problema de la electricidad podría ser fácilmente resuelto instalando generadores. También sería posible hacer uso de tanques de agua, pero sería necesario llenarlos varias veces por semana por camiones cisterna, ¿y cómo podrían llegar si no había ninguna carretera?

Existía, desde luego, una tercera posibilidad: ¡establecer el campamento en la cumbre de Masada! Eso sería lo más conveniente. Los voluntarios podrían levantarse por la mañana y llegar en cuestión de segundos a las excavaciones, sin tener que trepar por el sendero de la serpiente ni tampoco recorrer la senda de la rampa. Pero la inconveniencia de esa alternativa era aún mayor que la de "asentar sus reales" en el lugar del campamento. La cima de Masada sería el área principal de las excavaciones, y el establecimiento de un campamento allí destruiría parte de ella y desde luego constituiría un obstáculo durante toda la expedición.

Además el problema de los suministros; es decir, el de llevar comida, agua y combustible, sería aún mayor que el planteado por una base creada en la ladera occidental.

Estos eran los pros y los contras en la argumentación mantenida entre Yadin y su personal, para poder llegar a una decisión sobre el lugar más indicado para crear el campamento. Yadin se decidió finalmente por el oeste, eligiendo un lugar próximo al campamento del general romano Flavio Silva. Si se resolvía el problema de la ruta, así como el de una escalera sobre el sendero de la rampa, esa ubicación sería la más conveniente, ya que exigiría tan sólo ascender sin mayor esfuerzo por una senda que en diez minutos llevaría a la cima. Y sabía a quién recurrir para que se le ayudara a resolver estos problemas. Pidió la asistencia de los militares israelíes. Como muchos otros ejércitos, las Fuerzas de Defensa de Israel están muy interesadas en la tradición. En este caso, no se remontaba tan sólo hasta 1948 cuando fueron creadas al surgir el nuevo Estado, sino a varios milenios atrás, hasta la época bíblica. Los oficiales del ejército israelí conocen los detalles de la mayoría de las batallas descritas en la Biblia. Cursos militares sobre la historia castrense del país, tanto bíblica como posbíblica, incluyen un relato del último baluarte de la resistencia judía en Masada. Efectivamente, por razones obvias Masada es venerada por los militares israelíes, y el Cuerpo Blindado inició una norma hace muchos años de celebrar el acto de juramento de los nuevos reclutas, en torno a una fogata en la cumbre de Masada, luego de haber trepado todos por el sendero de la serpiente.

No es de extrañar, por consiguiente, que la respuesta del Ejército al pedido de Yadin fuera generosa. La construcción de la escalera no sería una tarea fácil, pero no hubo inconveniente alguno en obtener la

El sendero de la serpiente que lleva a Masada.

colaboración del Cuerpo de Ingenieros, que fue ofrecida inmediatamente. El mayor problema fue planteado por el hecho que la senda de la rampa llegaba a la ladera occidental de Masada en un punto que estaba a unos metros debajo de la cumbre, y que esta distancia era totalmente perpendicular. La escalera tenía que ser construida en la propia roca, descansando sobre una base que fuera sólida. Los soldados descendieron con cuerdas atadas a estacas en la cumbre, y realizaron casi toda su tarea colgados sobre el abismo. Pero terminaron el trabajo con rapidez, y Masada fue accesible al llegar la fecha de la primera excavación.

Los ingenieros del ejército también prepararon el sitio del campamento. Silva había elegido para ello el único lugar plano en el área occidental. Al sur de ella, en donde se crearía la base, el suelo era rocoso o "zanjado", es decir, cubierto de cauces de arroyos secos.

Los bulldozers militares nivelaron el área, en la que se erigirían tres barracas para servir como oficinas de la expedición y una fila de tiendas de campaña para el personal permanente a un lado del campamento, y unas cincuenta tiendas en el otro para los grupos de excavadores y otros trabajadores, y un comedor entre ambos. Este fue un gran entoldado durante la primera temporada, y una casa de madera en la segunda.

La creación de una ruta de acceso al oeste fue una tarea más complicada, porque la construcción de carreteras estaba en manos del Ministerio de Trabajo, y existían mayores prioridades en su presupuesto que construir una ruta a un lugar arqueológico. El ejército accedió a ayudar abriendo un camino temporario para vehículos comunes, pero advirtió que si por casualidad cayeran fuertes lluvias aquel invierno, no resistiría al tráfico. Yadin les pidió que lo hicieran de cualquier modo. Y lo hicieron. Luego comenzó a llover con tal intensidad que pocos recordaban semejantes temporales, y durante varios días después de iniciarse las excavaciones, ni siquiera vehículos con tracción en todas sus ruedas fueron capaces de llegar al campamento.

Como queda dicho, la electricidad fue provista por generadores. El agua fue primeramente traída a diario en camión cisterna, que llenaban los tanques allí instalados. Pero cuando comenzó a llover, las camiones quedaron tan mal parados por el difícil viaje que se tuvo que encontrar otra alternativa. En un momento dado, al llover copiosamente, transcurrieron tres días sin que se pudieran llenar los tanques, y se racionó el agua en forma drástica únicamente para beber, prohibiéndose terminantemente las duchas.

Luego Yadin hizo un descubrimiento que le habría provocado tanta satisfacción como desenterrar alguna reliquia antigua. Encontró un oleoducto. Resulta que unos años antes la compañía NAPHTA realizó búsquedas de petróleo en la zona, y ese trecho de cañerías, que tenia varios kilómetros, había sido abandonado. Sin embargo faltaban unos seis kilómetros para que llegara a Masada.

Yadin se puso en contacto con NAPHTA y les preguntó si la podía usar. Sí, le contestaron. Luego elevó un pedido a la administración de Mekorot, la compañía nacional de agua de Israel, para que le brindara asistencia con urgencia. Masada ya era un nombre legendario, y no tardaron en satisfacer su pedido. Después de enviar a sus expertos, limpiaron el viejo oleoducto y luego tendieron unos seis kilómetros de tuberías menos gruesas para poder cubrir la distancia que faltaba. El agua era vertida en la extremidad occidental del oleoducto de NAPHTA, a unos treinta kilómetros, y llegaba al campamento de Masada por la fuerza de la gravitación. Concluida la obra, la expedición de Yadin ya no sufrió de escasez de agua.

Una vez resueltos estos problemas técnicos y "domésticos", Yadin comenzó a considerar la cuestión del personal. ¿Qué clase de gente necesitaría? Un pequeño grupo de arqueólogos profesionales, otro grupo reducido de técnicos y una gran masa de obreros no capacitados

La senda que conduce de la cumbre de Masada a las terrazas mediana e inferior del palacio norte.

pero capaces de aprender, para que realizaran las tareas de la excavación, tanto las más pesadas como las livianas, decidió.

Ya disponía de los dos pequeños grupos. El primero consistía de arqueólogos y estudiantes de arqueología. A cada uno de ellos se asignaría un sector de la cumbre y un grupo de excavadores, cuya labor dirigirían y supervisarían. Informarían regularmente a Yadin, y le llamarían de inmediato al hacer algún descubrimiento de particular importancia, o tropezar con algún problema arqueológico.

También como miembro de ese grupo, pero atendiendo a todo el área y asistiendo a Yadin, estaba el experto arquitectónico de la expedición, el Dr. Dunayevsky, un hombre de gran experiencia en la exploración y el estudio de construcciones antiguas.

El segundo grupo estaba integrado por técnicos tales como dibujantes, para dibujar todos los hallazgos; el fotógrafo, que fotografiaba las ruinas y los objetos -estos últimos in situ, o sea donde fueron hallados, y luego en el estudio- un restaurador de alfarería para reunir las piezas rotas halladas y tratar de recrear las vasijas o jarras originales; y otro personal auxiliar como el comandante del campamento, el cocinero, los chóferes, etc.

Las importancia de la labor de dibujantes, fotógrafos y restauradores de alfarería reside en el hecho que el estudio de su trabajo puede brindar importantes indicios a los arqueólogos para la reconstrucción de la historia del lugar. Los dibujos y fotografías serían incluidos más tarde en el informe detallado de la expedición, y las mejores vasijas irían a un museo, como valiosos elementos de ayuda para otros arqueólogos.

¿Y quiénes serían los que integrarían el tercer grupo, los que habrían de dedicarse a la labor física de la excavación? En la mayoría de las expediciones se acostumbra contratar a obreros locales. Yadin había usado esa mano de obra en sus excavaciones anteriores. Pero en el caso de Masada decidió aplicar una modalidad totalmente diferente. ¡Tuvo la innovadora idea de invitar a voluntarios para que participaran en la excavación! No era sólo que deseaba ahorrar fondos, si bien los jefes de todas las expediciones lo intentan, por muy generosos que puedan ser sus patrocinadores. Estaba convencido que el dramático carácter de la historia de Masada y la ubicación espectacular del lugar, tendrían que atraer a mucha gente.

Habían razones de peso para explicar esta convicción. Ya mencioné antes el interés de los soldados de Israel por Masada. Este amplio interés era compartido por la mayor parte de la población de Israel, particularmente por la juventud. Desde muchos años antes, el acontecimiento supremo en el programa de la mayoría de los movimientos juveniles, asentamientos pioneros (llamados kibutzim) y exploradores y alumnos de la enseñanza secundaria, era la excursión anual a Masada, trepando a su cumbre a través del sendero de la serpiente. Algunos hasta atravesaban el desierto como hizo Eleazar. Tengo un amigo que trepaba al monte cada año por su cuenta. Luego, al casarse, siguió subiendo con su esposa. Más tarde, tuvieron un hijo. Y cuando la criatura tenía diez meses, los tres ascendieron al monte, el niño montado sobre los hombros de su padre. Ahora tienen cuatro hijos. Todos ellos han trepado a la cima de Masada cada año desde que eran pequeños.

Pero los jóvenes no son los únicos. Conocí a un hombre llamado Yehuda Almog, que ya había cumplido sesenta años. Le encantó la región del Mar Muerto y estuvo muchos años en esa zona. Muchas veces le he acompañado al trepar por el sendero de la serpiente, y siempre iba delante mío hasta llegar a la cumbre de Masada.

Pero tal vez el hombre que hizo más que nadie para popularizar las excursiones juveniles fue el extraordinario Shemariahu Guttman, agricultor y pionero miembro de un kibutz, que por primera vez subió a Masada hace muchos años y quedó literalmente prendido de ella: encantado por la región, por la increíble formación de la propia roca, por la fantástica vista que se domina desde su cumbre, por el drama de la historia de los celotes, y por los misterios guardados en las ruinas. Por su propia iniciativa realizó una serie de exploraciones, y fue su entusiasmo que encendió el tan amplio interés de los israelíes por Masada. No se cansaba de encabezar excursiones de jóvenes al lugar, y de vez en cuando llevaba a uno de esos grupos para acampar una o dos semanas en Masada. Allí trepaban hasta donde podían, para conocer el lugar, examinando todos los restos visibles. Yadin estimaba que ese entusiasmo e interés atraería a muchos voluntarios israelíes.

Pero había algo más. La pasión del israelí por la arqueología. No conozco otro país en el que una conferencia sobre ese tema pueda llenar un auditorio de tres mil personas, si el conferenciante es bueno, de un público no profesional, durante varias tardes sucesivas, o en el que incluso descubrimientos poco importantes en una excavación, obtengan titulares tan grandes y detalladas crónicas en la prensa popular.

Eso se debe en parte porque los israelíes conocen la Biblia en un modo que es desconocido en otra parte. Para ellos no es tan sólo una obra religiosa. Es un libro de triple significado: es el libro de texto de su idioma, el hebreo; es su historia, y es la geografía de su país. Pero es así principalmente porque viven en la Tierra de la Biblia y siempre están concientes de que su pasado bíblico, que tan bien conocen, está enterrado bajo sus pies. Si se araña el suelo en Israel, muy posiblemente se encuentre alguna reliquia de épocas pasadas. Cuando el niño aprende en la escuela la historia de David y Goliat, puede visitar el lugar en donde se celebró el duelo. Puede ver las ruinas de ciudades construidas por Salomón y hacer picnic en un bosquecillo junto al lugar en donde nació Sansón.

Dondequiera que se are o construya, es muy posible encontrar una ruina importante. El piso de mosaico mejor conservado de una sinagoga del siglo VI A.D. fue encontrado en el valle de Jezreel cuando agricultores del kibutz Beit Alfa fueron a cavar una acequia de riego. En Jerusalén, los obreros que preparaban los cimientos para una nueva casa a ser erigida en la calle Alfasi No. 10 dieron con sus picos en el techo de una cueva. Pararon el trabajo y avisaron al Departamento Gubernamental de Antigüedades -lo que están obligados a hacer por ley-, y unos días más tarde se les informó que habían descubierto una tumba de la época de los macabeos del segundo siglo A.C. La casa en cuestión jamás fue construida. La calle Alfasi No. 10 es la dirección de una antigüedad conservada, que está abierta al público.

Como esa clase de sucesos es común en la vida del país, Yadin no dudaba que se

presentarían muchos voluntarios israelíes. Entonces tuvo otra idea. ¿Por qué limitarse a los israelíes? ¿Por qué no formular un llamamiento mundial? Posiblemente no habrían muchos entusiastas por Masada, pero sí algunos. Podría haber cierto número de aficionados a la arqueología, que jamás tuvieron la oportunidad de participar en una excavación. A otros les atraería la novedad. Podría haber quienes considerasen un modo original de pasar unas vacaciones. Pero cualquiera fuese la razón: estudio o diversión, aprender o divertirse, Yadin consideró que muchos querrían venir.

Publicó una pequeña nota en la prensa israelí indicando que se acogería con placer voluntarios para la excavación en Masada. Los que fueran aceptados tendrían que pasar por los menos dos semanas con la expedición. En cuestión de días llegaron miles de ofertas de jóvenes y viejos, individuos y grupos, residentes veteranos y nuevos inmigrantes. Entre los grupos figuraba la Gadná, una organización paramilitar integrada por alumnos de la enseñanza secundaria, otras organizaciones juveniles y unidades del Ejército. El personal de Yadin tuvo que examinar los pedidos y "racionar" el número de interesados, porque superaban a los lugares vacantes.

Simultáneamente, apareció un anuncio similar en el Sunday Observer de Londres, uno de los patrocinadores de la expedición. También en ese caso se recibieron miles de respuestas. ¡Llegaron de judíos y no judíos de veintiocho países! La respuesta israelí no sorprendió a Yadin, pero la del extranjero sí. Ya que si la finalidad era atractiva -excavar en Masada- las condiciones no lo eran. Se había puesto en claro que los voluntarios tendrían que pagar su pasaje. No era para salir de juerga a cuesta de otros. Es cierto que la comida y el alojamiento en Masada correrían a cuenta de la expedición, pero en condiciones frugales y posiblemente hasta primitivas. Los voluntarios dormirían en tiendas de campaña. Se tendrían que levantar temprano y trabajar toda la jornada. Aunque pudieran vestirse como lo quisieran y portarse como se les antojase, no se les permitiría salir de Masada sin permiso, ya que el lugar se

Voluntarios tomando parte en las excavaciones en la cumbre de Masada.

encontraba a unos kilómetros de una frontera hostil, y andar solo resultaba peligroso. Y sin embargo, no cesaban de llegar las solicitudes. En última instancia, la expedición pudo contar con veintitrés turnos de quince días durante dos temporadas de excavación. Un grupo de voluntarios salía el viernes por la mañana, y el siguiente era recibido por la tarde. Durante todas las excavaciones, el número de integrantes de la expedición, incluyendo el personal permanente y los voluntarios, fue de unas trescientas personas.

Cuando todo terminó, Yadin preparó una lista de las profesiones de los voluntarios extranjeros e israelíes, la que se reproduce a continuación: Chóferes, psicólogos, patólogos, estudiantes, modelos, asistentes sociales, camaramen (como excavadores), sacerdotes, vagabundos, geólogos, maestros, fisioterapeutas, farmacéuticos, mineros, editores, arquitectos, artistas, bibliotecarios, radiotécnicos, directores de compañías, contratistas, escultores, amas de casa, jardineros, mozos, mayordomos, abogados, agentes de viajes, obreros industriales, pilotos, contadores, anunciantes,

médicos, alfareros, dibujantes técnicos, físicos, dentistas, guías de turismo, banqueros, edificadores, enfermeras, restauradores de antigüedades, secretarias, empleados, soldados, parteras, impresores, historiadores, directores de películas, fabricantes de violines, camareras, domadores de elefantes y... arqueólogos.

La innovación final adoptada en la excavación de Masada y ya planeada en la fase preparatoria, fue que las tareas de restauración comenzaran simultáneamente con la iniciación de las excavaciones. Esto es raro en las expediciones arqueológicas. Por lo general la labor restauradora comienza -si es que se realiza en absoluto-, una vez hayan concluido las excavaciones. Principalmente, porque los arqueólogos rara vez saben lo que van a encontrar, y solamente después se puede comprobar qué ruinas vale la pena restaurar. Pero en Masada, en parte gracias a Josefo pero primordialmente por los estudios que habían sido realizados unos años antes, ya se sabía que había algunas ruinas impresionantes que convendría conservar. Después de las excavaciones se desenterraron varias otras, y éstas fueron restauradas luego de concluir la excavación.

En general, se puede afirmar que los arqueólogos normalmente no están muy interesados en restauraciones. Les interesa más excavar, cavar, cortar, anotar y estudiar cuidadosamente lo que encuentran, luego seguir excavando, registrar los hallazgos en el nivel inferior, y así sucesivamente hasta que llegan a la propia roca. Ello les permite registrar lo que han encontrado y de ese modo presentar un panorama tridimensional del pasado.

Restaurar, por el otro lado, es edificar. Significa tomar una ruina antigua y restaurarla de modo tal que se parezca en lo posible al original. Tiene mayor interés para el público que para el estudioso aunque, como es obvio, se precisa el asesoramiento del arqueólogo si se desea que la restauración sea fiel y auténtica. Este le dirá al restaurador el aspecto que tenía el edificio. Le mostrará cuáles de las piedras y pilares que yacen en el suelo formaban parte del edificio, y dónde estaba cada uno de ellos. Cuando se planeó la excavación en Masada, se decidió que un lugar tan histórico y atractivo merecía ser restaurado, de modo que los centenares de miles de futuros visitantes, que eventualmente podrían llegar con facilidad al monte, pudieran obtener una idea del aspecto que tenía en la época de los celotes. Teniendo disponible el equipo restaurador durante la excavación, permitiría a aquél obtener un asesoramiento inmediato y experto de los arqueólogos.

En el caso particular de Masada, el equipo restaurador también podría ayudar a los arqueólogos. Algunos de los edificios del primer siglo que no habían sido deliberadamente destruidos, se había desplomado más tarde. Techos y paredes se habían derrumbado cubriendo el piso. En condiciones normales, una expedición arqueológica hubiera llegado al lugar, y al ver el suelo cubierto de escombros hubiera movido las piedras al borde del

precipicio y, probablemente, las hubiera tirado al vacío, para luego llevar a cabo la excavación. Sin embargo, en el presente caso se decidió reunir cada piedra, marcarla y construir las paredes y muros originales, para dejar el terreno limpio, listo para ser excavado por los arqueólogos. Así saldrían ganando tanto el excavador como el restaurador.

Yadin obtuvo la entusiasta colaboración del organismo responsable de las restauraciones en Israel, el Departamento para la Conservación de Lugares Históricos, dependiente de la Oficina del Primer Ministro. Estaba encabezado por Yaacov Yanai, y se fusionó posteriormente con la Dirección de Parques Nacionales, entonces de reciente creación. Su hombre en Masada era Itzjak Gasco, y él y su grupo se dedicaron durante más de dos años a la tarea restauradora, quedándose en el lugar durante los calurosos meses estivales entre las dos temporadas de excavación, y prosiguiendo la labor mucho después de completarse las excavaciones.

El último capítulo de los preparativos del personal de Yadin fue familiarizarse con los informes preparados por los estudiosos que visitaron la zona el siglo pasado, y con los resultados de los estudios realizados en Masada durante el presente. No habían sido muchos, y ninguno tan amplio como merecía ser. Sin embargo, todos los trabajos realizados por eruditos previos tenían que ser estudiados por este equipo, del mismo modo como lo hace cualquier arqueólogo que llega a un lugar que ha sido superficialmente explorado por otros, lee cuidadosamente todo lo que hayan podido escribir sobre el particular.

El primer explorador moderno que haya sugerido que ese peñasco que se yergue al borde del Mar Muerto, que ahora lo conocemos como Masada, fuera efectivamente Masada, fue el estudioso norteamericano Dr. Edward Robinson. Entonces el lugar era conocido con el nombre Es-Sebbeh. Acompañado por E. Smith, Robinson visitó la zona del Mar Muerto en 1838, y ambos observaron el monte con un telescopio. Beduinos locales le habrían hecho desistir de su propósito de escalarlo, al indicarle que era muy escarpado, pero le indicaron que en su cima habían ruinas de edificios, algunas con columnas. A través del telescopio -escribe Robinson- "pude ver lo que parecía ser un edificio en su parte noroeste, así como restos de otros edificios más al este". Es casi seguro que esa "corazonada" de él y su compañero era correcta, y que se trataba realmente de Masada.

La sospecha de Robinson y Smith fue confirmada en marzo de 1842 por otro estadounidense, un misionero llamado S.W. Wolcott, que trepó a la montaña y la recorrió totalmente realizando una cuidadosa inspección. Vio el "Risco Blanco" en la ladera occidental descrito por Josefo, y las ruinas de varios edificios sobre la cumbre que correspondían a las descripciones de Josefo; y fue el primero en encontrar los campamentos romanos y su muro de sitio. Resultaba evidente que estaba contemplando el lugar descrito por Josefo: el monte de Masada.

Otros exploradores del siglo pasado que siguieron a Robinson y Wolcott brindaron alguna que otra información adicional, demostrando sin lugar a dudas que ésta era la fortaleza de Masada descrita por Josefo. Digo "alguna que otra información", ya que Masada no era el centro de su interés. Venían para explorar la región y no para dedicar todo su tiempo a trepar una y otra vez al monte, lo que hubiera sido imprescindible para realizar un detallado estudio.

Por ejemplo, el teniente norteamericano W.F. Lynch, de la Marina de los EE.UU., realizó un reconocimiento del Mar Muerto en 1848. Tres de sus compañeros, J. B. Dale, H. J. Anderson y H. Bedlow, salieron de su base para realizar una visita de un día a Masada. Ascendieron a la cumbre y vieron las ruinas de varios edificios, uno de ellos situado

La sección de los arqueólogos, en el campamento al pie de Masada.

precisamente en el extremo norte de la roca. Contemplaron "a una distancia de unos cien pies (30 metros) debajo de la cima septentrional, en un saliente inaccesible del precipicio, los restos de una torre redonda y a cuarenta o cincuenta pies más abajo, en otro saliente, los cimientos de los muros de un recinto cuadrado..." Agregaron, sin embargo que "no vieron la posibilidad de descender para examinar esas ruinas".

Existe otra descripción de esas ruinas, con diferentes distancias, en el informe del ascenso a la cima por el prelado británico H. B. Tristam. Indica en el mismo que "a unos setenta pies (21 metros) (o cincuenta según podíamos juzgar), en un pequeño saliente, se había construido un fuerte circular con dobles muros y un espacio vacío de cuatro pies (1,20 metros) entre ellos. Estos muros eran perfectos, pero sin cuerdas, nos resultaba imposible descender... Unos treinta o cuarenta pies más abajo, la roca adquiere una forma aguda, y sobre ella estaban las ruinas de otro fuerte, esta vez cuadrangular..." Estos no eran "fuertes" como Tristam pensaba, sino terrazas de una estructura sumamente interesante. En 1867, un oficial del Ejército británico, el capitán Warren, fue el primero en ese siglo que ascendió la escarpada ladera oriental de Masada, encontrando parte del original sendero de la serpiente mencionado por Josefo. Estaba asociado con Kitchener y Conder en su importante Estudio de la Palestina Oriental (publicado en 1883), llevado a cabo en nombre del Fondo de Exploración de Palestina, y fue el teniente Conder quien describió las ruinas visibles y las marcó en el primer mapa casi exacto de la cima de Masada (después de realizar una visita de un día en 1875).

Otros llegaron al monte, pero ninguno de ellos estuvo mucho tiempo en Masada. La primera expedición que lo hizo fue la encabezada por el alemán Adolf Schulten, en 1932. Estuvo un mes allá, pero su interés se centralizó en los campamentos romanos y las obras de sitio, y realizó todas sus exploraciones al pie de la roca. Durante esas cuatro semanas Schulten estuvo sólo dos veces en la cumbre,

dibujando las ruinas que veía. Probablemente habrá lamentado no haber podido excavar el lugar, porque escribió: "Uno puede envidiar al futuro explorador de esta fortaleza, porque esa tarea es variada e interesante y el magnífico panorama de por sí es una recompensa".

Es comprensible que aunque los exploradores realizaron una vasta labor para estudiar el país durante el siglo anterior y comienzos del presente, ninguno de ellos se concentró en Masada. El difícil acceso, la razón por la cual Herodes y más tarde los celotes eligieron Masada como su fortaleza, también motivó que los exploradores la dejaran a un lado. Para poder estudiar Masada en forma debida y excavarla había que organizar una expedición de gran envergadura, que durase varios meses. Para ello se necesitaba gran cantidad de obreros, equipos pesados, mucho dinero y un apasionado interés. También era preciso la colaboración del Gobierno, ya que muchos de los servicios necesitados sólo podrían ser extendidos por el Ejército, que conoce el modo y tiene experiencia en mantener efectivos en el campo. En el país no había un tal gobierno hasta el establecimiento del Estado de Israel en 1948.

En ese año, los israelíes estaban muy ocupados librando su Guerra de Independencia. Cuando terminaron las hostilidades en 1949, Shmariahu Guttman y los movimientos juveniles judíos reanudaron sus excursiones y actuaron más que nunca para despertar el interés general en Masada. Guttman trataba de convencer a los arqueólogos profesionales que emprendieran una excavación, pero o carecían de fondos o los posibles expertos tenían otras tareas que cumplir. Finalmente, en 1953, su propio movimiento pionero de kibutzim le ayudó para realizar un pequeño reconocimiento con la ayuda de voluntarios de esas colonias colectivas. Y realizaron importantes descubrimientos.

Fueron los primeros no sólo en ver la "torre redonda" y el "recinto cuadrado", que habían sido contemplados por el grupo de Lynch, Tristam y otros, sino llegar a ellos. Pueden haber sido los primeros en hacerlo en tiempos modernos. Incidentalmente, Guttman y otro agricultor pionero de un kibutz, Mija Livne, fueron probablemente los primeros en ascender a la cima por el escarpado lado norte, precisamente en donde están esas ruinas, la una redonda y la otra cuadrada. Fueron ellos quienes identificaron correctamente lo que eran: no parte de las fortificaciones como se había creído, sino los restos de un notable edificio herodiano.

Fue también este grupo de miembros de kibutzim, y en especial uno de sus más destacados miembros, Azaria Alon, quien descubrió el ingenioso sistema de agua instalado en la época de Herodes, dotado de cisternas y un acueducto. Se le atribuye a Guttman haber sido el primero en trazar correctamente el recorrido del sendero de la serpiente, y de haber excavado en el portón arriba. También reconstruyó en forma parcial uno de los campamentos romanos.

Como resultado de estos descubrimientos, se realizó en 1955 una expedición mejor organizada de arqueólogos profesionales. Estaba encabezada por los profesores Michael Avi-Yona y Nahman Avigad y el Dr. (más tarde profesor) Yohanan Aharoni, todos de la Universidad Hebrea de Jerusalén; el arquitecto Imanuel Dunayevsky y Shmariahu Guttman. En total, el grupo sumaba treinta personas. Al año siguiente fue otra pequeña expedición de 28 personas, dirigida por Aharoni y Guttman. Cada una de esas expediciones duró diez días tan sólo, ya que de hecho se trataba de reconocimientos limitados y no de excavaciones propiamente dichas. Estos arqueólogos completaron sus breves temporadas con escasos recursos y bajo condiciones muy difíciles, sabiendo que aún debía realizarse una completa excavación del lugar. Indicaron en su informe que su "estudio había comprendido tan sólo los restos visibles sobre el terreno (con dos excepciones)"; y que luego de haber examinado los ruinas de un edificio, dirían, por ejemplo, que lo descubierto "nos hace creer que valdría la pena realizar una minuciosa excavación de este gran edificio". Esto se haría siete años más tarde por la expedición de Yadin. Pero gran parte de los hallazgos arqueológicos hallados en las expediciones de 1955-56 eran sumamente importantes. Determinaron que varios de los edificios fueron construidos por Herodes, además de haberse realizado una exploración adicional del sistema de agua.

Su reconocimiento del terreno, además de los informes de estudios y visitas anteriores y los escritos de Josefo, era lo que Yadin y sus ayudantes tenían para ir preparando sus planes de excavación. Había bastante para crear una expectativa, pero no para frustrarlos con el pensamiento que la labor ya había sido realizada. Efectivamente, pensaban que a lo máximo se había arañado la superficie. No se había encontrado casi nada de los celotes. En cuanto al material herodiano, era muy útil pero sólo un punto de partida y no la última palabra. El material sobre las cisternas era bueno, pero ahora debían trazar el acueducto y ver dónde se recogía el agua. Ante todo, los informes tenían que abocarse a las ruinas sobre la superficie. Nadie había realizado excavaciones propiamente dichas, y debajo de la tierra estarían enterrados los verdaderos tesoros del pasado.

En octubre de 1963, al amanecer el día en que se iniciarían las excavaciones, Yadin y sus colegas fueron de su campamento de base a lo largo de la senda de la rampa subiendo a la cima, con la sensación que se lograría grandes descubrimientos. Estaban por revelar los secretos de Masada.

3. LAS EXCAVACIONES COMIENZAN

Los voluntarios estaban igualmente excitados mientras que se dirigían a la cumbre por el mismo camino en el día en que comenzaron las excavaciones. Era un domingo, pero ya que el día de descanso judío es el sábado, el domingo marca el comienzo de la semana laboral. Los que venían del extranjero habían llegado unos días antes, algunos por avión y otros por barco, con instrucciones de reunirse en los jardines públicos de Beer Sheva al mediodía del viernes. Para quienes conocían la Biblia, el nombre de Beer Sheva era muy significativo. Situada en el Néguev, el desierto meridional de Israel, Beer Sheva fue el lugar donde se encontraron el patriarca Abraham y Abimelec, rey de Gerar.

En Beer Sheva, los voluntarios de ultramar fueron recibidos por un miembro del personal de la expedición. Junto con los voluntarios israelíes, sumaban unas doscientas personas. El personal permanente, los obreros y los voluntarios del Ejército, no estaban con ellos. Después de almorzar, su equipaje fue colocado en camiones y enviado al campamento vía Arad para llegar a Masada por el escabroso camino del oeste. Los propios voluntarios fueron llevados en autobús por otra ruta. Viajaron cómodamente por la moderna carretera a Sdom, lugar de la famosa ciudad melliza de Gomorra en la Biblia, en el extremo sur del Mar Muerto. El viaje duró una hora descendiendo de una altura de 360 metros sobre el nivel del mar a 360 metros bajo ese mismo nivel. Luego prosiguieron viaje hacia al norte a través de la angosta ribera del Mar Muerto, con el desierto de Judea a izquierda y el agua a su derecha. Después de viajar una media hora, giraron hacia un sendero tierra adentro en dirección a los montes. Así recorrieron varios centenares de metros. Se apearon. Enfrente suyo aparecía la roca de Masada. Estaban casi al pie de la ladera oriental.

El guía señaló la cumbre de Masada y les dijo: "Este es nuestro destino". Cuando vio las miradas interrogativas, les indicó la marca blanca que zigzagueaba a lo largo de la grisácea y rojiza ladera rocosa. Estaban por ascender por el sendero de la serpiente. Josefo tenía razón. Se parecía mucho a una larga serpiente, que se retorcía y ondulaba a lo largo de la ladera.

El guía los tranquilizó. "Solamente lo tendrán que hacer una vez -les dijo-. No se alarmen, no es tan difícil como parece. Lo haremos sin apresurarnos y en una hora estaremos arriba. Para sentir el pulso de Masada, uno debe tener conciencia de su altura, y el modo más impresionante de hacerlo es subir por el sendero de la serpiente. Desde mañana en

Mapa Panorámico de Masada

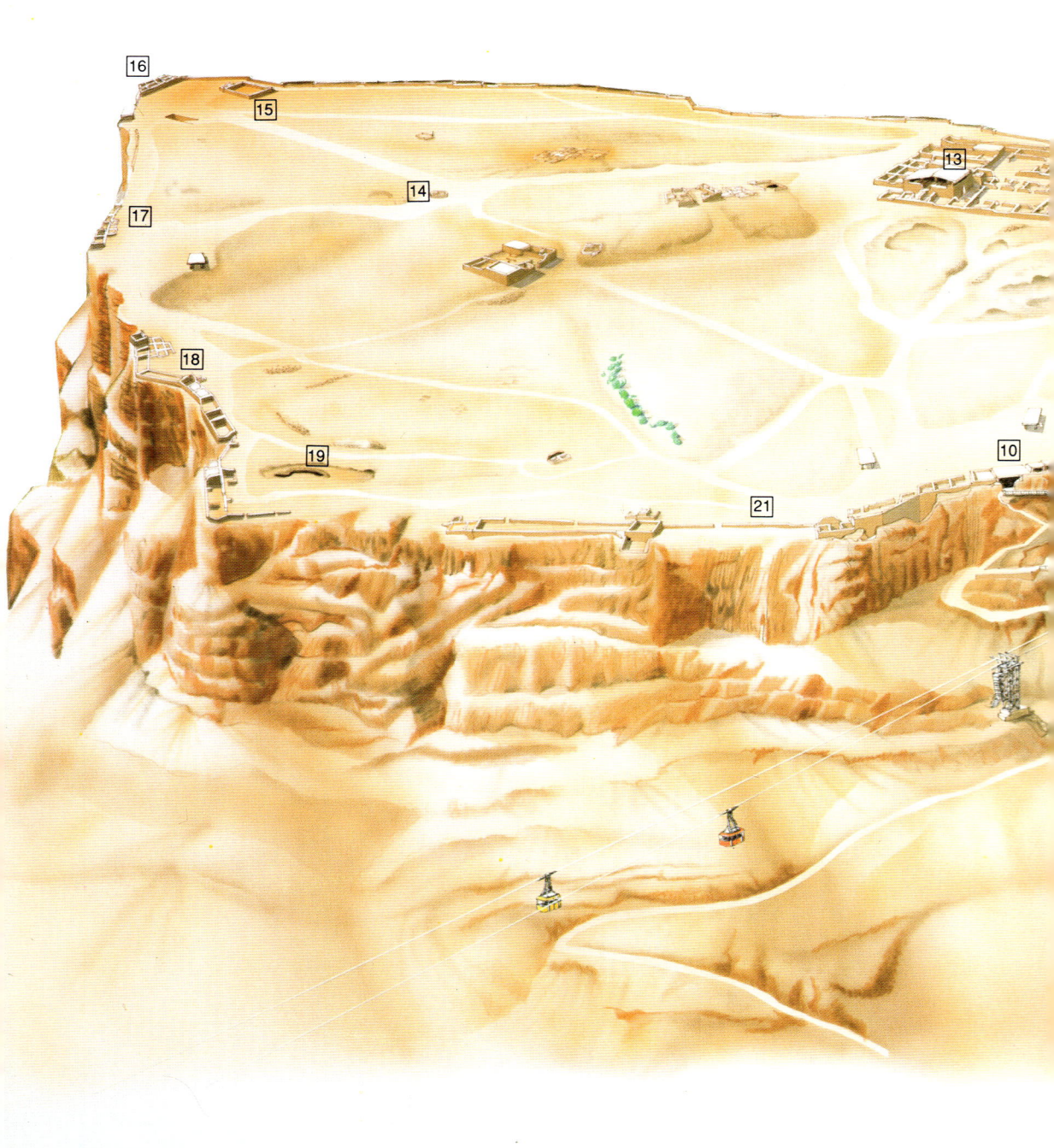

1. El Palacio Norte

2. La Terraza Intermedia

3. La Terraza Superior

4. La Puerta del Agua

5. El Observatorio del Palacio Norte

6. La Sinagoga

7. La Casa de Baños

8. Los Depósitos

9. La Cantera

10. La Puerta del Sendero de la Serpiente

11. La Iglesia Bizantina

12. La Puerta Occidental

13. El Palacio Occidental

14. El Columbario

15. La Gran Cisterna

16. La Ciudadela Meridional

17. La Muralla Meridional

18. La Muralla Sudoeste

19. Cisterna de Agua Abierta

20. Estación Superior del Teleférico

21. La Muralla Oriental

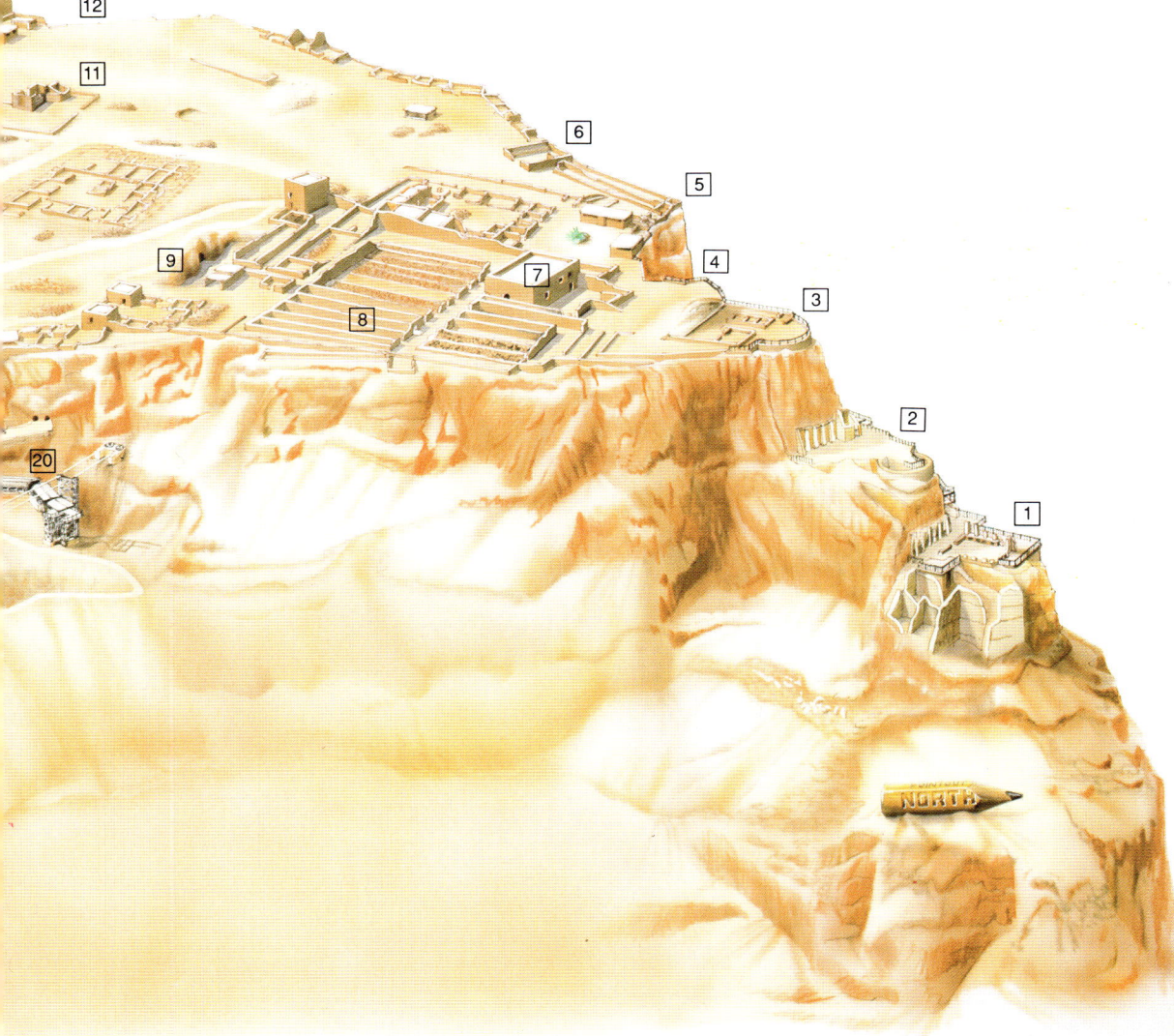

Mapa diseñado por Shlomo y Roni Cohen

adelante ustedes subirán por el otro lado, la ladera occidental, que resulta fácil. Debo agregar que incluso trepar por el sendero de la serpiente resulta más fácil ahora, luego que el Ejército lo convirtió en una senda pasable y segura. También construyó y agregó escalones al trecho cerca de la cima que se había desmoronado o erosionado por el tiempo.

"Una cosa más -siguió diciendo-. Vayan con cuidado y eviten que se desprenda alguna piedra, ya que puede caer sobre los que les siguen".

Empezaron a caminar, andando en forma lenta y constante, y la ascensión no les pareció ardua, desde luego no a los jóvenes. Fue más bien una caminata divertida. Recorrían un trecho en una dirección, y luego el camino casi daba una vuelta en horquilla, en un ángulo muy pronunciado, para trepar en sentido contrario. Se puede pensar en los esquiadores que se deslizan por la nieve zigzagueando, y cambiando bruscamente de dirección. Desde luego, con la diferencia que los voluntarios subían y no bajaban, y que el tiempo era mucho más cálido que en una pista de esquí. A medida que trepaban, contemplaban un panorama más hermoso. Las aguas del Mar Muerto eran de un brillante azul en esta hora del día, y mucho más lejos, allende de la costa oriental, se yerguían las montañas de Moab, de un rojo brillante. Al atardecer se volverían de púrpura al ponerse el sol. Ninguna de las rocas en el borde de la escarpadura, al norte y al sur, no era tan impresionante como el peñasco de Masada, aunque algunas adquirían formas muy extrañas, retorcidas en singulares posiciones por el gran evento prehistórico que había partido la tierra entre los territorios ahora conocidos como Turquía y Africa, y desde entonces erosionados por el tiempo. El propio Mar Muerto, que se halla tan bajo, fue causado por esa hendidura. Algunas de esas rocas hacían recordar las primera escenas de la ciencia ficción sobre el panorama lunar.

A medida que trepaban, aquellos voluntarios que habían leído a Josefo se habían tranquilizado, al comprobar que había exagerado en gran medida al describir los terrores del sendero de la serpiente. No se trataba de "marchar sobre una cuerda floja". Y en cuanto "a ambos lados hay abismos tan pavorosos que harían temblar al más valiente", sólo había un precipio a un lado, y no era realmente un abismo, sino una ladera muy pronunciada. Josefo también había escrito que "el menor resbalón implica la muerte". Cierto es que algunos jóvenes israelíes había muerto, pero esto había ocurrido en años anteriores, antes de que el Ejército hubiera ampliado y reparado la senda y agregado plataformas de apoyo junto a las vueltas. Bien hubiera podido ser más peligroso en la época de Josefo, pero no tan terrible como lo había pretendido.

A medio camino las personas mayores comenzaron a jadear, y los altos se hicieron más frecuentes. Es por ello que transcurrió una hora y cuarto hasta que todo el grupo llegó a la cima.

Cundió una sensación de expectativa entre los voluntarios cuando dieron los primeros pasos en la cumbre. El guía había tenido razón. Percibieron en una forma profunda y tangible el aislamiento de Masada, enhiesto y remoto, dominando los alrededores. Al haber trepado desde el este también les había infundido la satisfacción de haber logrado hacer algo difícil. Para colmar todos esos sentimientos, se les ofrecía una vista de encantadora belleza. Podían contemplar kilómetros y kilómetros en todas las direcciones: Moab al este, el valle de la Aravá al sur que conduce hasta el Mar Rojo, y hacia el oeste y el norte el desierto de Judea. Era un paisaje salvaje, pintoresco y eterno. Estaban mirando los mismos panoramas que habían visto quienes estuvieron en esa misma cima mil novecientos años atrás, y cuyos secretos estaban por descubrir.

Fue un excelente preludio a una excavación arqueológica.

Estaban contentos, pero también cansados y hambrientos. Su guía los condujo a través de la cumbre de Masada al borde occidental, por donde descendieron en la nueva escarpada

escalera que acaba de ser construida. Y de allí fueron a través de la senda que seguía la rampa romana y que, como era obvio, les ofreció su primera vista de la rampa. Aparecía masiva y sólida, como tenía que haber sido al durar tantos siglos, y resultaba sorprendente que su construcción había durado tan pocos meses en esas circunstancias tan difíciles. Uno se olvidaba por un instante, que había sido creada por la ardua labor de miles de esclavos. También estaban cerca de su campamento, un recinto de tiendas de campaña, a donde llegaron en pocos minutos. Poco después se asignó a cada uno la tienda que le correspondía y se les entregó los cupones para las comidas durante la próxima quincena. Las excavaciones serían realizadas por seis grupos, cada uno encabezado por un arqueólogo profesional, que sería el responsable de una sección específica de la cumbre.

Teniendo ya un lugar donde dormir -ocho

"Masada y el Mar Muerto" por Van de Velde.

personas en cada tienda- fueron a retirar su equipaje y luego a las duchas. Estas eran primitivas, pero había agua caliente y resultaba agradable librarse del polvo reunido durante la marcha. Refrescados, fueron al comedor para una cena temprana. Después de comer se les proyectó un documental sobre Masada, y luego escucharon una breve explicación sobre los detalles administrativos. Los días laborables se levantarían al amanecer para comenzar sus tareas a las cinco y media de la mañana. Para almorzar se les llevaría bocadillos que comerían arriba, en donde trabajarían hasta las tres. Luego, estarían libres. Para entretenimiento vespertino se proyectaría una película una o dos veces por semana, así como habría conciertos, cantores folklóricos y artistas populares que llegarían de Tel Aviv. El personal arqueológico se reuniría cada noche, para examinar los descubrimientos de la jornada.

La primera noche fue romántica y la mayoría se sentó al aire libre. Aunque era octubre, el ambiente estaba impregnado de una suave brisa y no hacía frío, y cuando salió la luna se disiparon las tinieblas y Masada quedó brillantemente iluminada, de un modo desconocido en los países occidentales. Las estrellas también parecían ser particularmente luminosas, abundantes y cercanas. Pocos conocían estas características típicas de un "cielo oriental", en especial sobre el desierto. Fue a desgana que muchos de los voluntarios se acostaron en sus catres, aunque se les había advertido que al día siguiente se levantarían temprano -no tanto como un día común de trabajo, pero sí para un sabbat- para iniciar una gira de cinco horas en el sitio de la excavación.

A las ocho treinta de la mañana, luego de haberse aseado y desayunado, y realizado una caminata de diez minutos por la senda de la rampa, estaban todos en la cima aguardando que se les enseñara Masada. Fueron divididos en dos grupos, uno de habla hebrea y el otro inglesa, que estarían a cargo de asistentes de Yadin, quienes les explicarían la historia del lugar, el significado de las ruinas visibles y trazarían un programa de las excavaciones: donde se excavaría, lo que se esperaba encontrar y algunas instrucciones preliminares sobre el modo como los voluntarios realizarían sus tareas.

El grupo de extranjeros fue llevado a la sección norte de la cima, y allí formaron un semicírculo para escuchar a su guía arqueológico.

En primer lugar les relató la historia del lugar: primero Herodes, luego los celotes, seguidamente el asalto romano y el sorprendente desenlace. Interrumpía

Vista aérea de Masada captada desde la sección norte de su cima, mostrando el sendero de la serpiente a la izquierda.

frecuentemente sus palabras para leer en voz alta algunos párrafos de Josefo. Entre sus oyentes había quienes conocían la obra, pero era muy diferente entre leerla en casa y escuchar sus palabras aquí, en Masada. Mientras leía, el instructor señalaba la ruina, si era visible, o la ubicación descrita por Josefo. Podían ver la rampa construida por los romanos. Era posible distinguir la configuración del campamento de Silva, como lo habrían visto los celotes en su época, y sorprendía lo cerca que estaba. Podían ver el lugar en donde la punta del ariete habría hecho la brecha en la muralla acasamatada, aunque no eran capaces de distinguir el muro porque en el lugar en que se encontraría estaba cubierto de escombros. Podían ver partes de la circunvalación. Conscientes de que se encontraban en el mismo lugar en donde habían estado los celotes, y escuchando esas palabras tan antiguas, era como si los voluntarios hubiesen viajado a través de los siglos, y revivían la historia del primer siglo.

Es así que cada grupo de voluntarios comenzó su quincena. Luego de la disertación, fueron llevados a realizar una gira muy bien explicada de toda la cima. En el punto más septentrional vieron las ruinas de un edificio muy especial. Era aquél que tenía una estructura redonda y otra cuadrada, ya notadas por los exploradores del siglo pasado.

Quienes integraban el grupo que debía excavar aquí se fijaron bien en lo que veían. Los demás hicieron lo mismo al llegar a las secciones que se les había asignado. Todos se impresionaron por este espectacular edificio al norte. Había sido construido en tres niveles o terrazas, en el propio borde de la roca. La terraza intermedia se extendía más allá del nivel superior, y lo mismo ocurría con la inferior en relación con la media. Quienquiera lo mirase en perfil a distancia, ya fuera del este como del oeste, le parecía como si fueran tres gigantescos escalones esculpidos a lo alto de la ladera del peñasco. Desde donde los voluntarios estaban, en el nivel de la terraza superior, era como estar en el puente de un barco muy grande mirando los dos puentes abajo, el inferior sobresaliendo del otro. La estructura circular se encontraba en la terraza media, el "perímetro" redondo en la inferior. Ambas estaban parcialmente cubiertas por escombros. Escaleras internas habían conectado originalmente los tres niveles, pero ahora no eran visibles. El medio de comunicación presente consistía en una serie de escalones de hierro insertados en la roca. Habían sido construidos por los ingenieros militares especialmente para la expedición y para visitantes posteriores. La labor había sido difícil y peligrosa. Los zapadores habían usado andamios colgantes afianzados en la cima, y todos se habían atado con sogas y cuerdas para poder trabajar sobre el precipicio. La seguridad había sido supervisada por un experto en cables, sogas y nudos de la Marina Israelí. Si había sido difícil y peligroso para un ejército moderno instalar una escalera improvisada, ¡qué tarea tan ardua habría sido para los ingenieros del primer siglo construir un edificio permanente en ese lugar!

Se explicó brevemente a los voluntarios las opiniones opuestas de los arqueólogos sobre lo que Herodes había deseado que fuera este edificio. Parecía corresponder, en su mayor parte pero no en su totalidad, a la descripción del "palacio" de Herodes que le otorga Josefo, una identificación apoyada por la expedición de 1955-56. Pero Schulten ha ubicado ese palacio a otro edificio en la sección occidental de la cumbre. Una de las tareas de la expedición sería aclarar ese interrogante.

Aún más importante sería encontrar restos antiguos entre los escombros o escondidos debajo de un piso o detrás de una pared. No importa lo que demostraran ser en última instancia; debería ser algo especial. Una arquitectura tan notable y una ingeniería tan osada no hubieran sido empleadas para algo ordinario. Si era especial cuando Herodes lo construyó, habría seguido siendo especial en la época de los celotes. Si éstos hubieran deseado salvar algunas posesiones para que no cayeran en manos de los romanos, y por

Vista de la rampa romana y del sendero de la rampa.

alguna razón las mismas no pudieran ser destruidas, el escondite muy bien hubiera podido ser elegido en ese edificio. Y las posesiones que hubiesen sido ocultadas en lugar de ser destruidas, con toda probabilidad serían textos sagrados. La teoría de Yadin era que los celotes habrían llevado a Masada sus libros sagrados, y cuando llegó el trágico fin, para evitar que fueran despojados por los romanos, los habrían ocultado en algún lugar secreto, ya que es de suponer que los celotes seguirían al pie de la letra la norma de que textos sagrados judíos no deben ser destruidos. Hasta el día de hoy los judíos no destruyen sus libros de rezo viejos. Cuando, después de haber sido muy usados se rompen y desmenuzan, son enterrados en el suelo sagrado, o como se suele decir consagrado, de un cementerio.

Por lo tanto era muy posible que los rollos sagrados habrían sido ocultados, y si fuera así existía una buena posibilidad de que la expedición los encontrara. El descubrimiento de rollos ya convertiría la expedición en una empresa provechosa, y se pidió a los voluntarios que tuvieran mucho cuidado al excavar esa sección y estuvieran alertas para encontrar fragmentos de pergaminos.

Algunos hubieran podido creer que encontrar rollos era principalmente cuestión de suerte. De hecho, en la arqueología como en otras disciplinas, los conocimientos y el razonamiento cuentan más que la casualidad. Desde luego, siempre existe el elemento de suerte en todos los descubrimientos, incluso en aquellas áreas donde haya una gran necesidad de conocimientos técnicos. Sin embargo, en la arqueología, con su sabor a la búsqueda del tesoro, se suele señalar en particular el aspecto de la casualidad. Un arqueólogo que no encuentra nada es considerado que tiene mala suerte, y el que realiza un gran descubrimiento, es afortunado. Pero ello no es tan simple. Se evidencia frecuentemente que los buenos resultados de una expedición son el resultado de mucho leer, un profundo conocimiento, una buena memoria de lo que se descubrió en otras excavaciones arqueológicas, un razonamiento dotado de imaginación y un juicio perspicaz. En este aspecto, un buen arqueólogo es como un buen detective o un buen oficial de inteligencia. Debe saber qué pistas o indicios ha de buscar, ser capaz de reconocerlos cuando los encuentra, y luego juzgar, con frecuencia con un destello intuitivo, el significado que tienen.

Un arqueólogo con pocos conocimientos perderá un tiempo precioso y al final encontrará muy poco si va a un lugar y comienza a excavar al azar. Incluso si va a un sitio como Masada, en donde ya habían algunas ruinas visibles, perderá mucho a no ser que pueda hacer una buena apreciación previa sobre dónde pueden hallarse los restos más importantes. El jefe de una expedición suele tener relativamente poco tiempo y una escasa mano de obra. No puede desenterrar cada metro de tierra. Debe elegir el terreno. ¿Dónde excavar? ¿Cuánto tiempo -y cuántos excavadores- asignar a cada sección? Este es siempre un problema difícil. No se decide al azar ni tampoco lanzando una moneda, sino pensándolo bien. De otro modo, el jefe puede dedicar meses a una sección que rinde escasos resultados y asignar sólo contados días a otra que hubiera podido ofrecer mucho. Ello no quiere decir que siempre sea posible aplicar un tal criterio en un lugar no excavado previamente. Pero lo era en el caso de Masada. Por lo tanto, lo que Yadin hizo, presumiendo

Vista de pájaro de la rampa romana y del sendero a lo largo de la rampa.

Las terrazas intermedia e inferior del palacio norte de Herodes.

que los anales de Josefo fueran verídicos, fue tratar de saber lo que había pensado Herodes y más tarde, ponerse en la situación de los celotes. "Si fuera Herodes -se habría dicho virtualmente, conociendo su carácter y los antecedentes políticos de la época en que vivió- y estaba fortificando Masada, ¿qué baluartes necesitaría, y dónde los ubicaría? ¿Qué haría para tener agua y comida?" Lo mismo en el caso de Eleazar ben Yair. ¿Cómo viviría en la cumbre con su grupo de celotes? ¿Cómo reaccionaría ante el sitio y el asalto de los romanos? ¿Qué hubiera hecho Eleazar, además de lo que Josefo describió, antes de cometer el último acto?

Un buen detective hace lo mismo: se pone en lugar del criminal que está buscando, tratando de imaginar su modo de proceder, y el comandante del ejército también trata de suponer lo que piensa el enemigo, y anticipar cuál ha de ser su próximo movimiento para enfrentarlo debidamente. El arqueólogo no va detrás de un enemigo ni un criminal, pero también intenta intuir el pensamiento de las personas cuyas ruinas se propone encontrar. La suerte decide la calidad de sus hallazgos. La sabiduría, la intuición y el razonamiento pueden conducir a un arqueólogo a antiguos restos, pero cuando los ve puede comprobar que no valía la pena encontrarlos. Pueden haberse desintegrado con el tiempo o, si están en buen estado, poco pueden agregar a lo que ya se conoce. Entonces se puede decir que el arqueólogo no ha tenido suerte, y si los descubrimientos están en buen estado y son importantes, que sí la ha tenido.

En varias ocasiones durante el período en que la expedición estaba en Masada se pudo decir que había tenido "suerte" en ese sentido: los hallazgos eran importantes y estaban bien conservados. Pero se llegó a ellos con previsión y un razonamiento lógico.

Luego se llevó los grupos a las ruinas de un conjunto de edificios que yacían junto a la estructura norte de tres niveles, los que exploradores anteriores habían indicado ser los almacenes construidos por Herodes. Estaban cubiertos de escombros, y en el lugar había muchas piedras de forma ovalada, talladas por el hombre, que habrían caído al desplomarse los muros. Algunos de esos edificios serían limpiados y un grupo especial restauraría sus muros, antes de que se iniciasen las tareas de excavación.

Al oeste de los depósitos se veían partes de una ruina de lo que habría sido un gran edificio, en su mayor parte enterrado bajo montones de escombros. De hecho, nadie

Der.: *Vista desde helicóptero de las tres terrazas del palacio norte de Herodes.*

sabía a ciencia cierta lo que había sido, aunque había varias teorías. La mayoría sugería que existía alguna relación con esos almacenes: tal vez fuese una oficina para administrar el suministro y la distribución de víveres; posiblemente una torre para guardarlos. Los arqueólogos no habían formulado una opinión dada y esperaban que la excavación les diera la respuesta. Esta constituiría toda una sorpresa, y daría lugar al descubrimiento de uno de los lugares más atractivos de la Masada de hoy en día. Luego, yendo hacia el sur, los voluntarios llegaron a las ruinas de un gran edificio cuadrado. Este era lo que Schulten había denominado el "pequeño palacio", y lo que la expedición de 1955-56 había pensado que posiblemente sirvió a la guarnición real en la época de Herodes y a los soldados romanos que ocuparon Masada más tarde. En ese caso también, la expedición obtendría una respuesta más precisa luego de las excavaciones, y como bonificación, descubriría algunos objetos preciosos ocultos bajo el piso original de una de las estancias.

Algunos metros hacia el sudoeste de ese edificio estaban los muros bien conservados y el piso de una estructura fácilmente identificable: una iglesia. En realidad, desde hace mucho había sido la ruina más sobresaliente de la cima, y los primeros visitantes en el siglo XIX ya habían determinado que se trataba de un santuario cristiano construido durante el período bizantino, en el VI ó VII siglo A.D. La excavación de Yadin no se proponía dedicar mucho esfuerzo en ese lugar. Por un lado, era dudoso si se encontraría algo de particular valor luego del estudio realizado en ese edificio -si bien breve- por un cierto F. de Saulcy a mediados del siglo pasado. Pero la mayor razón de Yadin, era que su principal interés residía en los períodos herodiano y de los celotes, y el edificio bizantino era "demasiado reciente". Sin embargo, se harían algunas excavaciones, para complementar lo realizado por de Saulcy, aunque éste no había hecho gran cosa y se había dedicado principalmente a estudiar las ruinas visibles.

La expedición dedicaría mucho tiempo a las ruinas de un gran edificio al sudoeste de la iglesia, las que Schulten había identificado como el palacio de Herodes tal como es descrito por Josefo, y que la expedición de 1955-56 había creído que era un palacio, pero no el que Josefo pensaba. Sin duda, se trataba de un edificio de gran importancia, que merecía ser ampliamente excavado.

Las otras ruinas visibles de la cumbre, a las que se llevó a los voluntarios en esa visita inicial, eran dos pequeños grupos de construcciones al sudeste del "palacio de Schulten", que serían sometidos a una excavación rutinaria. Habían otras partes de la cumbre que no tenían ruinas visibles, pero que serían excavadas. ¿Quién sabe? Tal vez fuera precisamente allí donde se harían los principales descubrimientos.

La gira concluyó caminando a lo largo del perímetro de Masada, donde Josefo dijo que Herodes había construido una muralla acasamatada con una serie de torres. Pero el grupo no vio nada que se pareciera a una muralla, sino filas de piedras apiladas en algunas secciones. Sin embargo, durante los preparativos previos del personal de la expedición, se habían captado fotos aéreas de todo el lugar, y éstas habían revelado el contorno de los cimientos de una muralla doble. Algunos miembros del personal también habían llevado a cabo un rápido estudio preliminar del terreno en algunas secciones, que habían aparecido claramente en las fotos, y sus conclusiones habían sido muy prometedoras. En base a estos resultados y las citadas fotos, se decidió asignar un gran número de miembros de la expedición para trabajar en esa muralla acasamatada. Ello demostró ser una decisión muy sagaz. Algo así como la mitad de los voluntarios se dedicaron a limpiar y excavar la muralla durante todos los once meses de las dos temporadas de excavaciones. Mucho de lo que hoy sabemos sobre los celotes se basa en lo que se encontró allí.

Cada "turno" quincenal de voluntarios, luego

de haber cumplido la gira arqueológica el sábado por la mañana, iniciaba su trabajo excavatorio poco después de amanecer al día siguiente.

Era siempre un espectáculo alegre verles subir por el sendero de la rampa a la cima de Masada. Estaban vestidos con "ropa de trabajo" que se les había pedido traer, pero no había nada uniforme en ello. La variedad de estilos y colores era extraordinariamente amplia. Había muchachas en sandalias, pantalones amplios y suéters; otras en faldas y chaquetas. Una chica, cuando el sol estaba casi en el cenit, se quitaba la ropa y trabajaba en bikini. Los hombres vestían en su mayoría pantalones cortos y camisas, y se sacaban estas últimas cuando apretaba el calor. Sólo algunos de los israelíes veteranos, a quienes no les gustaba broncearse, seguían la norma del vestido de esta parte del mundo y exponían al sol muy poca parte de su piel.

Al llegar a la cima, cada uno de los seis grupos de trabajo era llevado por un supervisor arqueológico a la sección que le correspondía. El profesor Yadin estaba con ellos, pero se pasaba el día moviéndose de uno a otro grupo, guiando, dirigiendo, explicando y consultando con los supervisores de las secciones sobre cada fase de la excavación.

Durante el primer día, los supervisores siempre explicaban a los voluntarios lo que estaban por hacer y cómo hacerlo. Tenían que excavar a través de varios niveles de habitación humana en su área particular de Masada, examinando cuidadosamente toda la tierra y escombros en la búsqueda de restos antiguos. Lo que encontraran, y la anotación de dónde y a qué profundidad era entonces evaluado por el arqueólogo profesional, para brindar la historia física del lugar.

¿Qué es lo que significa "niveles de habitación humana"? Piense en un pedazo de terreno del lejano pasado que nunca ha sido ocupado por seres humanos. Entonces llegan gentes que deciden instalarse allí, estableciendo una ciudad, una aldea o una fortaleza. Construyen, viven allí, cultivan, luchan, comercian, cocinan.

Después de cierto tiempo, que puede ser diez, cincuenta o cien años, son atacados por el feroz enemigo que destruye su localidad. O se registra un sismo, y su aldea se desmorona. O las llamas de un incendio lo queman por completo. O los aldeanos, tal vez amenazados por un poderoso rival, abandonan sus hogares y se van.

Más tarde, llegan otras gentes y construyen una nueva aldea, población o fortaleza sobre las ruinas anteriores, porque incluso las casas de una localidad abandonada eventualmente se desmoronan. En su momento, esa segunda localidad sufre la misma suerte de la primera. Más tarde, puede existir una tercera localidad erigida sobre las ruinas de la segunda. Y así sucesivamente. En algunas excavaciones, como Meggido (Meguido) en Israel, el lugar del legendario Harmagedón, los arqueólogos encontraron no menos de una veintena de ciudades, construidas una sobre la otra, durante tres milenios, desde 3.500 a 300 A.C.

Como es obvio, los restos del primer asentamiento están en el nivel o capa inferior, o estrato como lo suelen denominar los arqueólogos. Este sería el nivel junto al fondo de la roca. Entre los restos, y dependiendo de la antigüedad de la localidad, los arqueólogos pueden encontrar ruinas de casas, herramientas, jarras, platos y otras vasijas de barro, enteras o rotas, restos resecos de comida, huesos de seres humanos y animales, monedas (en un período posterior), ídolos, dibujos, esculturas y otras obras de arte, ollas y marmitas, prensas de olivas, etc. Al examinar esos hallazgos -la disposición de la casa, el modo como se construyó una pared, la forma de una vasija, la manera en que se hicieron los objetos de alfarería, las herramientas usadas, la forma de una punta de lanza-, el arqueólogo experto puede indicar cómo y cuándo vivieron esas gentes. Si existieron hasta hace unos cuatro milenios, el arqueólogo -en Israel, por lo menos, y en razón de la considerable labor realizada en la arqueología bíblica-, podrá determinar su fecha en un margen de un siglo. Pero si vivieron hace dos milenios, puede acercarse más y llegar a calcular esa fecha en

un marco de cincuenta años.

El segundo asentamiento dejaría una capa o estrato similar de restos, así como el tercero y las subsiguientes localidades. Por lo tanto, cuando el arqueólogo comienza su labor el primer estrato que encuentra es el más reciente. A medida que excava, los asentamientos hallados son más antiguos. Por lo tanto, en Masada se esperaba encontrar restos de los celotes antes de los de Herodes.

Ello explica la importancia de registrar no sólo el área donde se ha encontrado el objeto, sino también el estrato en donde se hallaba. Lamentablemente, un lugar arqueológico no se asemeja a una torta en la que cada capa está bien definida y es fácil discernirla. No hay ninguna línea recta, o un letrero que indique "se está aproximando al estrato 3 del siglo dieciocho A.C." Para el lego todo tiene la misma apariencia, y podría excavar del estrato 10 al 2 sin distinguir entre las capas ni darse cuenta que haya podido trasladarse del año 500 A.D. al 500 A.C.

El arqueólogo profesional determina la presencia de un estrato sólo luego de examinar sus restos. Esto no es siempre una tarea fácil. Puede caer en numerosas trampas. Por ejemplo, ver una vasija cuya forma, textura y diseño le demuestran que es del cuarto siglo A.D., y si no tiene suficiente experiencia creer que el estrato en donde lo halló forma parte de esa centuria.

Pero el estrato puede ser de un período posterior, y alguien de esa época que la habría encontrado, haya decidido guardar esa vieja vasija. O, lo que es más común, los obreros que construyen sobre las ruinas de una ciudad previa suelen usar las piedras y columnas de esas ruinas como material de construcción para sus nuevas estructuras. Nuevamente, el explorador inexperto puede calcular la época del estrato en base a la antigüedad de las piedras y columnas de períodos previos. El buen profesional siempre busca indicios que le confirmen su suposición, antes de comprometerse a definir y determinar una fecha a un nivel arqueológico.

Masada fue marcada y dividida en varias áreas de excavación, cada una con su propio número. Estas fueron subdivididas en secciones, que también se numeraron. El mismo procedimiento se aplicó en los diferentes niveles a medida que se realizaban las excavaciones. Así, cada hallazgo podría ser registrado con los números de la ubicación y el estrato en donde fue descubierto.

Cada grupo de voluntarios asignados a un área dada fue dividido en núcleos de cuatro a seis personas, a los que se confió la excavación de una sección específica.

El supervisor o capataz del área enseñó a sus trabajadores sus herramientas de trabajo. Habían permanentemente grandes picos para desmenuzar las piedras más reacias y las grandes rocas; pequeños picos de mano para mover la tierra y los escombros; pequeñas azadas para sacarlos; escobillas y una escoba para limpiar cada superficie excavada; palanganas de plástico para colocar la tierra y las rocas; un gran cedazo para tamizarlas; una carretilla para tirar y retirar los escombros tamizados; cubos de plástico para colocar los pedazos de vasijas de barro, y pequeñas cajas de cartón para poner los objetos pequeños que pudieran encontrarse, como puntas de flechas, monedas y otros objetos de metal, así como de vidrio, madera o hueso. También había rótulos con el número del área y la subdivisión, que serían colocados en los cubos de plástico y las cajas con los hallazgos. Además, el supervisor tenía una plomada y un nivel de burbuja de aire para asegurarse que los costados y el piso de la excavación eran derechos y simétricos. Asimismo, disponía de un plan en gran escala de su área, en el que marcaría el progreso de la excavación y la ubicación de los hallazgos.

La primera tarea fue limpiar las rocas y pedrejones. Luego, las piedras. Después, los montículos de tierra y los escombros. Cada grupo debía distribuir las tareas entre sus miembros. En la mayoría de los casos, los hombres se dedicaban con denuedo al pesado trabajo de sacar las rocas y pedrejones, aunque todos daban una mano esperando llegar a los escombros. La tarea más liviana de reunirlos en los baldes de plástico era generalmente realizada por las mujeres, si bien cuando los hombres no estaban ocupados en algo más difícil, también se dedicaban a escarbar, limpiar y cepillar el terreno, que era la tarea de excavación más interesante.

Luego se examinaban los escombros. Cuando se llenaba un cubo, éste era llevado a la carretilla y su contenido era vertido en un cedazo que había allá. Dos personas, la que se encargaba de la carretilla y la que había traído el balde, moverían el tamiz. Lo que quedase arriba era guardado: los pedazos de alfarería en palanganas de plástico y otros objetos en las cajas. Lo que quedase en la carretilla era tirado al centro de escombros, para ser luego vertido desde lo alto del monte por un bulldozer.

Una vez completada la dura labor de limpiar el terreno de piedras, generalmente dos miembros de cada grupo se dedicaban a raspar la tierra y los escombros, otros dos llevaban los cubos al cedazo y tamizaban su contenido colocando rótulos en lo encontrado, y uno llevaba la carretilla para tirar los escombros. Durante el día, solían cambiar de tareas.

El supervisor del área estaba todo el tiempo con su grupo, yendo de una sección a otra para ver como progresaban. En cada visita, su primer acto era observar las cajas de cartón para examinar los nuevos objetos hallados.

Cuando eran de particular importancia llamaba a Yadin para que los viera. Pero cuando se trataba de algo especialmente importante, como un rollo o un gran número de monedas, la excitación de la sección eran tan contagiosa que en cuestión de minutos casi toda la expedición llegaría para ver lo encontrado.

Era fácil explicar el "contagio". Yadin iba apresurado al lugar seguido por el fotógrafo oficial de la expedición, y era evidente que "ocurría algo". A los voluntarios se había impartido estrictas instrucciones que cuando encontraran algo que pareciera ser de particular importancia, tenían que dejar de excavar y llamar de inmediato al supervisor. Podrían estar escarpando un muro o excavando un piso y encontrar el borde de algo que sobresalía, un trozo de una vasija de vidrio, parte de un esqueleto, un fajo de documentos. Si el supervisor confirmaba que era importante, se esperaría a que llegara Yadin para inspeccionarlo, y que el fotógrafo lo fotografiase en la posición encontrada. Luego el propio supervisor seguiría raspando y sacando tierra alrededor del objeto, hasta que pudiera ser retirado.

La mayor parte de los objetos pequeños quedarían en sus cajas y serían llevados a la oficina de la expedición cuando concluyese la jornada de trabajo. Sin embargo, los cubos con trozos de vasijas de barro eran bajados inmediatamente por una cinta transportadora que había sido instalada por el Ejército, llegando a un área especial de lavado en donde otros voluntarios los lavarían y limpiarían. Luego serían colocados en un recipiente, también marcado con los números del área, la subdivisión y la capa en que fueron hallados.

¿Por qué se trataba con tanto cuidado a esos trozos rotos de vasijas de barro, una modalidad que es ahora observada en todas las excavaciones arqueológicas?

Ya hemos comprobado que resulta muy importante para el arqueólogo ser capaz de determinar la fecha de cada estrato que excava, y hacerlo en la forma más precisa posible. La alfarería es uno de los principales medios para conseguirlo. Al examinar un trozo de una vasija de barro, el experto puede decir en qué período de la historia fue hecho. Si encuentra muchas vasijas o trozos de vasijas similares en un estrato dado, generalmente puede llegar a la conclusión que el estrato es de ese período. El término común usado para los pedazos de vasijas de barro rotas es cascos, cascotes o fragmentos.

¿A qué se debe que esos cascos sean un indicio tan importante para la cronología?

En esta parte del mundo el arte de alfarería, primero en forma manual y luego fabricada por la rueda, se generalizó en la Epoca de Bronce (3.150 a 1.200 A.C.). Como eran de uso común, abundaban las vasijas de barro, y al romperse con facilidad, se reemplazaban con frecuencia. Ello ofreció a los alfareros mayores oportunidades para mejorarlas, introduciendo más cambios que -por ejemplo- en las vasijas de metal. Por lo tanto, cada período sucesivo puede ser identificado por la forma y el diseño especial de la alfarería propia de ese tiempo.

Además, ya que los trozos rotos no tenían valor, se quedaron en donde sus dueños vivían. En un momento de peligro, si esas gentes abandonasen su pueblo o ciudad, podrían llevarse sus preciosas vasijas de plata y oro u objetos de marfil de gran valor. Pero no los cascos. Si eran vencidos, los conquistadores se llevarían los objetos preciosos como botín, pero no trozos rotos de alfarería. Cuando cierto tiempo después otro grupo de personas se radicase en ese lugar encontrando los restos de sus anteriores habitantes, podría usar las columnas de piedra como material de construcción o tal vez una prensa de oliva e incluso vasijas enteras, pero descartaría los trozos de vasijas .

Milenios más tarde, cuando los arqueólogos comenzaran a excavar, encontrarían vastas cantidades de esos cascos esparcidos en diferentes estratos. Porque si bien las vasijas de barro podrían romperse, sus pedazos eran casi indestructibles. Y ya que esos fragmentos no tenían valor alguno al romperse, se puede presumir que pertenecían al mismo período del estrato en que fueron hallados.

Todo esto nos parece muy lógico hoy en día,

Arriba: Un par de sandalias encontradas en la casa de baños del palacio norte, junto al esqueleto de una joven mujer.
Abajo: Algunos objetos de los celotes descubiertos: 1. Anillo de sello de oro 2. Hebilla de cinturón 3. Llave de bronce 4. Aplicador de cosméticos 5. Cuchara 6. Punta de flecha.

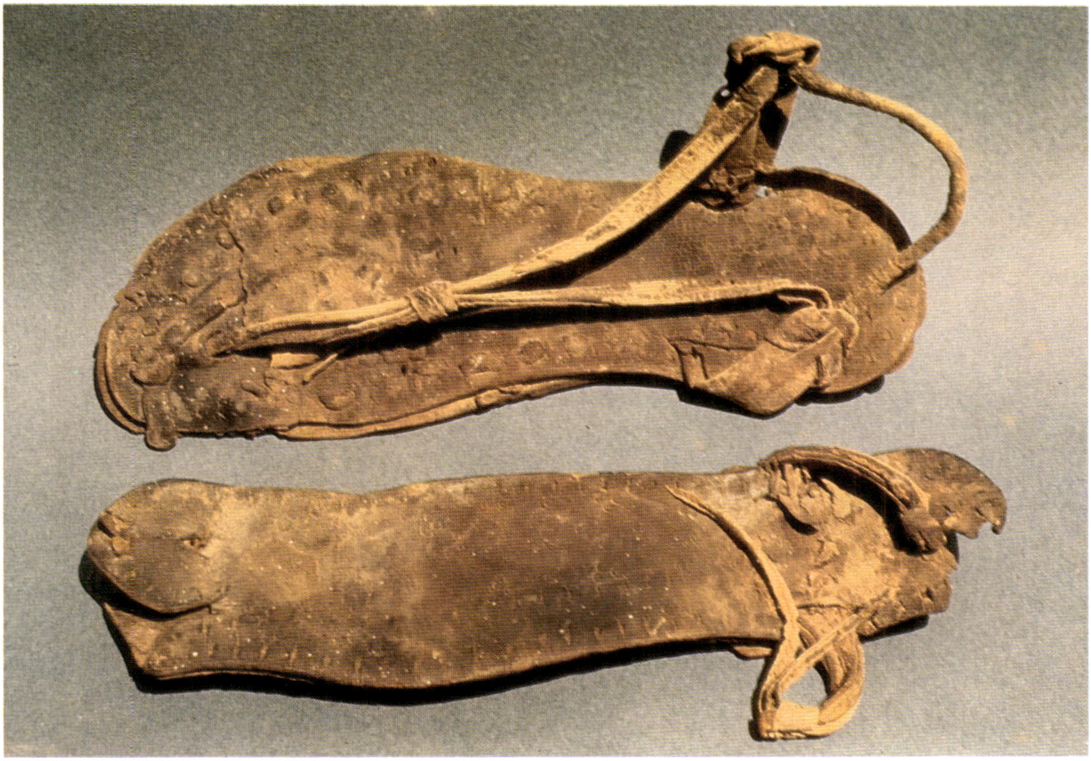

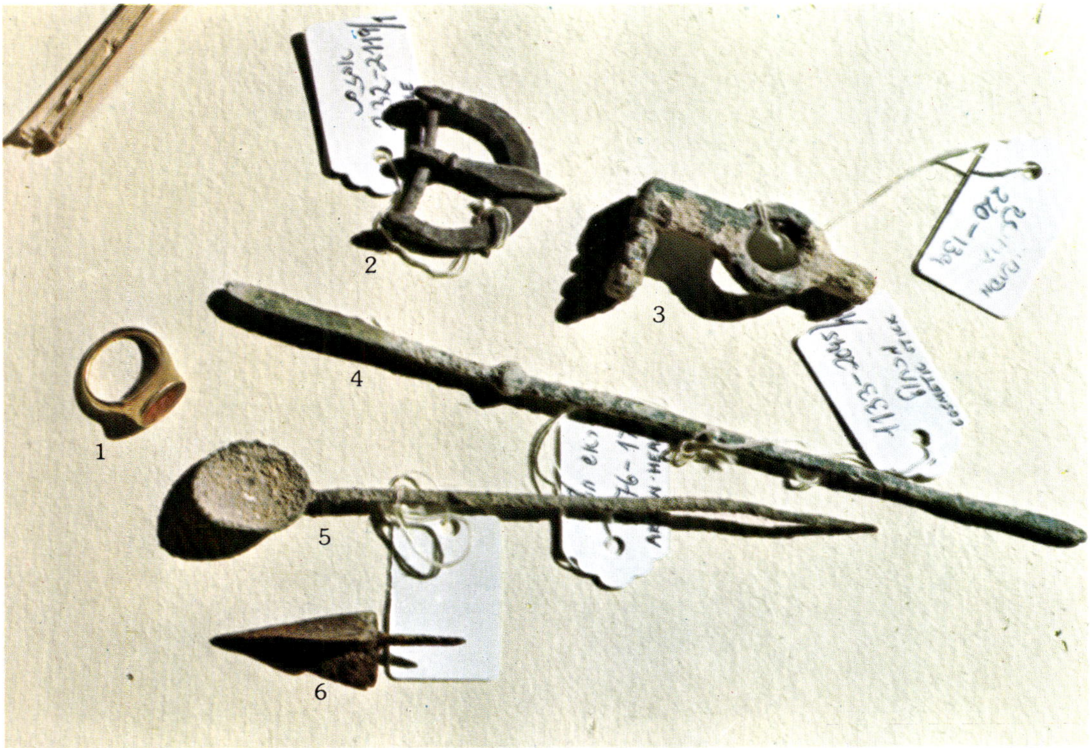
2
3
4
1
5
6

pero de hecho la idea de que esos cascos sirviesen como indicio para determinar fechas se le ocurrió tan sólo en los años 80 del siglo anterior al brillante arqueólogo británico Sir Flinders Petrie. Antes, los arqueólogos habían estado interesados en objetos completos: estatuas, tablillas con inscripciones y vasijas de barro enteras. Los cascos "inútiles" generalmente eran descartados junto con otros escombros sin valor.

En 1884-85 Petrie estaba excavando en Egipto y encontró los restos de un asentamiento antiguo, en el que halló pedazos rotos de jarrones que le resultaron familiares. Eran similares a los jarrones de estilo griego que habían sido descubiertos en tumbas etruscas durante los siglos XVIII y XIX. (Los etruscos son llamados así porque eran nativos de Etruria, un pueblo que vivió en el norte de la Italia central del octavo siglo A.C. en adelante. Se cree que procedían de las partes griegas de Asia Menor. Su alfarería, del octavo al tercer siglo A.C., se asemeja a los estilos de la cerámica griega).

Ahora bien, como esos jarrones etruscos eran valiosos como objetos de arte, habían sido cuidadosamente estudiados, y los expertos habían determinado con precisión sus fechas. Petrie comparó los fragmentos encontrados en Egipto con ellos, y comprobó que eran similares a los objetos etruscos del sexto siglo A.C. Esa revelación le ayudó a determinar la época a que pertenecía la localidad egipcia que había excavado. Resultó ser una colonia griega, la ciudad perdida de Naukratis.

Siete años más tarde Petrie estaba excavando en un lugar de Israel (en la entonces Palestina), y recordando el episodio citado prestó particular atención a los fragmentos que encontró en cada nivel. Así halló los restos de varias ciudades superpuestas, ¡y cada una de ellas tenía su propia alfarería! Desde entonces, las vasijas de barro se convirtieron en un importante tema de estudio de cada arqueólogo, y el examen de los cascos, una labor esencial en cualquier excavación. Quienes siguieron sus pasos aplicaron otras innovaciones introducidas por Petrie, y lo mismo se hizo en Masada: el cuidadoso examen y registro de cualquier hallazgo, por insignificante y fragmentario que pudiera parecer, anotando en qué posición y nivel fue hallado.

Luego de cada excavación, el erudito informe final -que frecuentemente es muy aburrido para el lego pero de enorme interés para el entendido-, incluye páginas y páginas de dibujos de vasijas reconstruidas con cascos y fragmentos hallados en cada nivel. Se encontrarán varios dibujos de cada vasija, mostrando cómo aparece desde diferentes ángulos, con el detalle de cualquier adorno que pudiera tener, los materiales usados y el modo como fue creado. Los estudiantes de arqueología reúnen esa información, para que cuando procedan a excavar en un nuevo lugar, estén familiarizados con la forma y el diseño de las vasijas de cada siglo de habitación en la región.

En Masada, el ámbito de cascos era más limitado de lo normal en este país, porque si Josefo tenía razón, no se encontrarían restos de muchos asentamientos humanos antes del segundo siglo A.C. y después de la iglesia bizantina, del quinto o sexto siglo A.D. Sin embargo, se siguieron las normas de la arqueología moderna y se acordó preferente atención a esos fragmentos. Como ya se ha dicho, éstos eran bajados constantemente a los lavaderos que había abajo. Más tarde, en especial luego de haber concluido la temporada, serían examinados con particular cuidado por los arqueólogos. Este es un capítulo menos reluciente pero igualmente importante de la vida del arqueólogo, aunque algunos expertos consideran que el examen de los hallazgos y sus correspondientes deducciones son tan excitantes como la propia excavación. Esto también marca la diferencia entre el profesional y el voluntario.

A los voluntarios dedicados al lavado se les pidió prestar atención a dos cosas. La primera, y la más importante, era ver si había escritura, inscripción o marca alguna en las piezas rotas.

Sucede a menudo que una inscripción es invisible hasta que no se lava el casco. Si tenía alguna, era colocada en una caja, marcada con el lugar y el número del estrato y enseñada a Yadin tan pronto como bajara de la cumbre. En la antigüedad, incluso luego que comenzó a usarse el pergamino y el papel, los trozos de vasijas eran empleados como recibos, vales o rótulos, c pudieran formar parte de una vasija con una mayor inscripción. En Masada, uno de los hallazgos más dramáticos fueron once de esos cascotes, cada uno de ellos con un nombre, que demostraría ser de enorme interés. Incidentalmente, un casco con escritura es llamado óstracon.

La segunda era discernir si durante el lavado de la alfarería se encontrasen varios trozos para parecieran formar parte de una misma vasija. Había otros miembros de la expedición que se dedicaban a la reconstrucción de alfarería, en la medida posible. Los voluntarios que demostraron ser los mejores eran aquéllos aficionados a componer rompecabezas, aunque resultó sorprendente constatar cuántos se hicieron duchos en la materia, aunque lo estaban haciendo por primera vez en su vida. Al principio del día se los podía ver junto a una pila de fragmentos, y por la tarde esos cascos se habían convertido en un hermoso vaso, vasija o escudilla.

Esto era divertido, pero el arqueólogo aficionado que estaba raspando en la cumbre frecuentemente se sentía aburrido con los fragmentos de alfarería. Resultó ser magnífico el primer día, cuando todo lo que se encontraba, incluso un pedacito de una vieja jarra, entusiasmaba a todos. Pero luego como encontraban tantos, para los no profesionales que no los compondrían ni los estudiarían más tarde, no dejaban de ser lo que eran: fragmentos de vasijas rotas. Además, incluso quienes no tuvieron la suerte de encontrar algo importante, como un rollo, un tesoro de monedas o las ruinas de un edificio desconocido, pronto vieron que había otras cosas "ordinarias" fuera de los cascos que capturaran su interés. Sacar los escombros y encontrar el piso de una habitación era todo un hallazgo. También lo eran los cimientos de un edificio, parte de un muro, fragmentos carbonizados indicadores que allí había ocurrido un incendio. Estos eran hallazgos "de rutina", que la mayoría de los voluntarios encontraron durante las dos temporadas de la excavación. Fueron contados los voluntarios que en cada turno presenciaron un descubrimiento espectacular: ruinas "nuevas" de magníficos edificios, pisos de mosaico, decoraciones murales, fragmentos de rollos, óstracones, monedas raras, bolas de munición, partes de armadura, restos de comida, vasijas completas, objetos de alfarería enteros, cocinas, y muchas otras cosas, inclusive objetos de cosmética como un peine de madera y una caja para pintar los ojos, interesantes de por sí para el voluntario lego y de suma importancia para el arqueólogo.

Vista aérea de Masada desde el sur y el Mar Muerto a lo lejos.
Al dorso, pág. 60, arriba:
La parte septentrional de la cumbre de Masada con el punto de observación.
Abajo: *Vista parcial de la cumbre de Masada; a derecha, la casamata occidental con la sinagoga.*

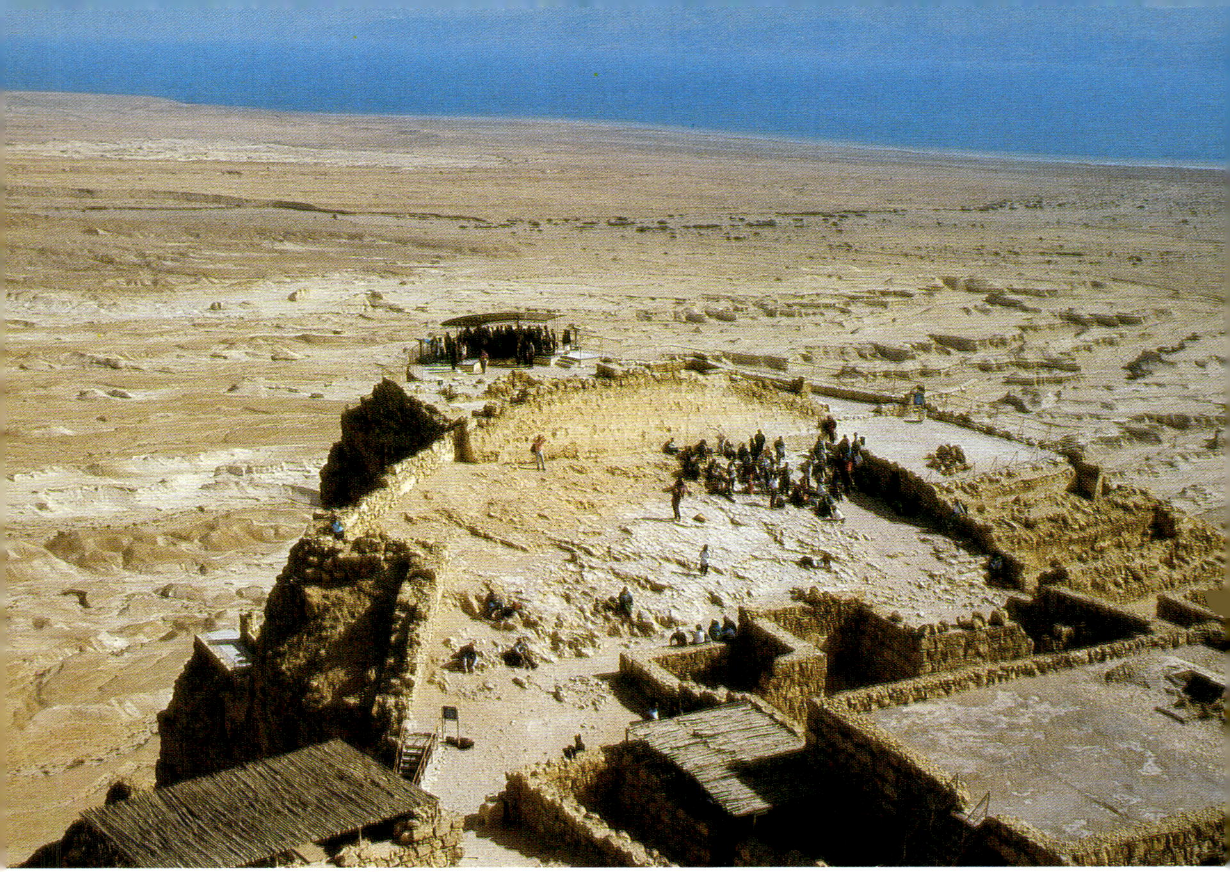

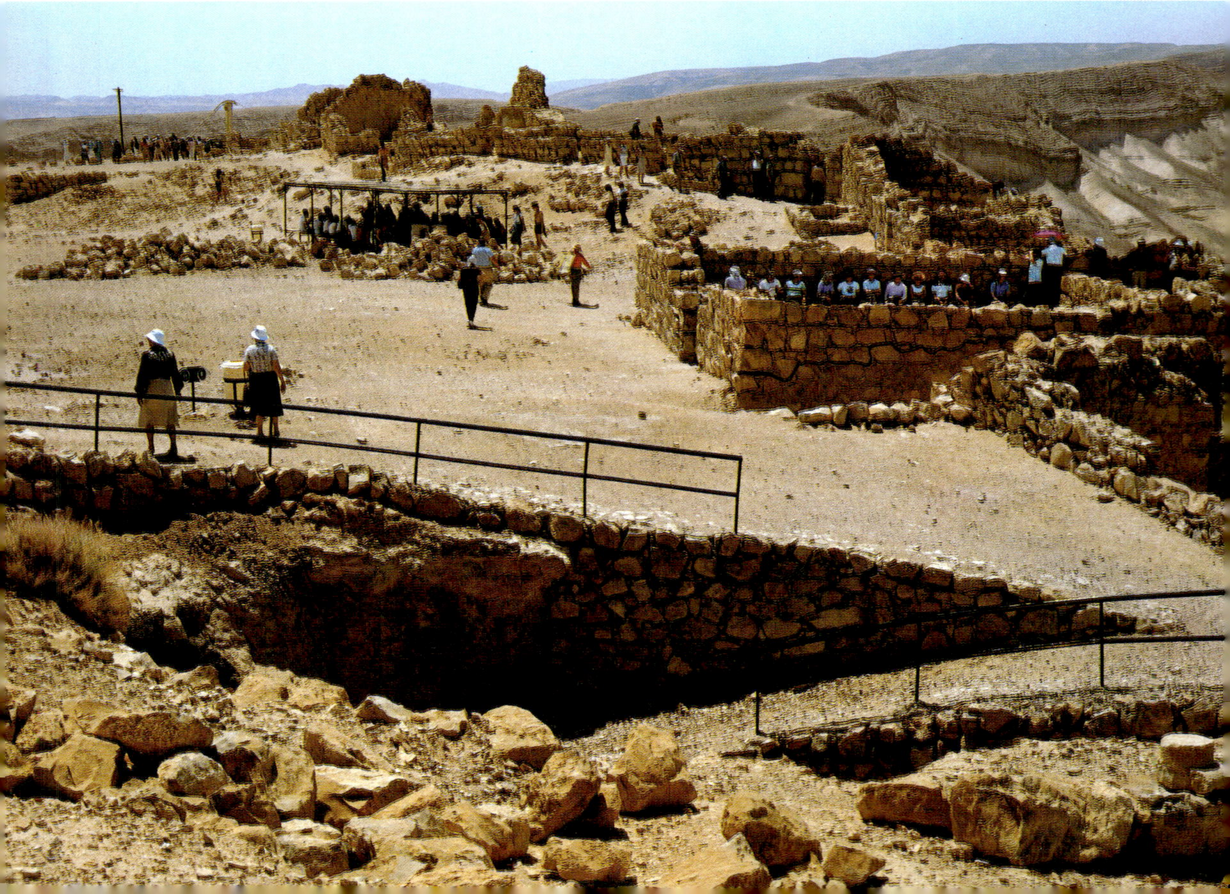

SEGUNDA PARTE • LOS DESCUBRIMIENTOS

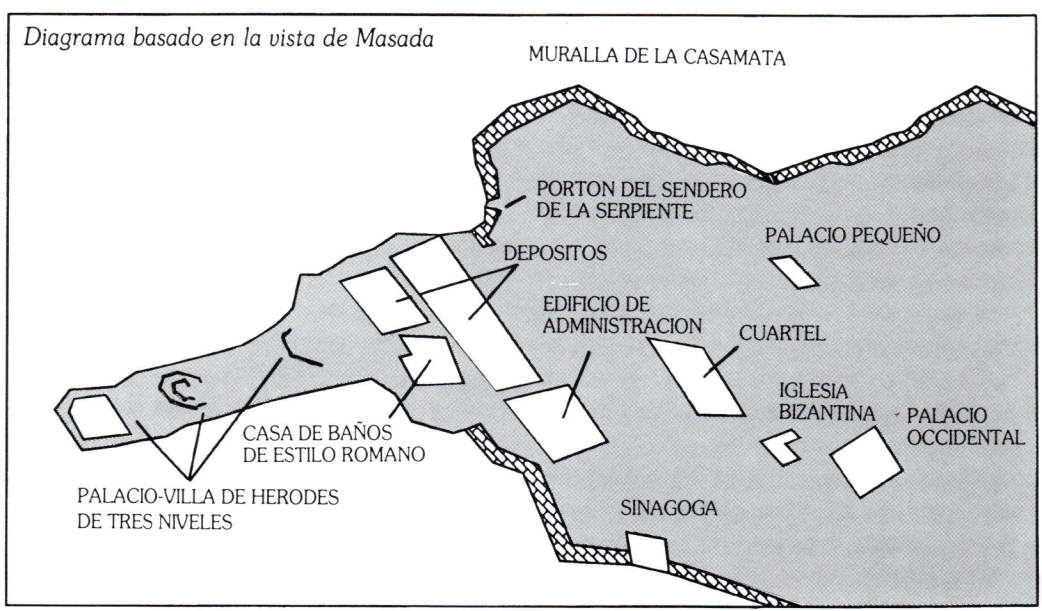

Vista aérea de Masada desde el noroeste.

Diagrama basado en la vista de Masada

MURALLA DE LA CASAMATA

PORTON DEL SENDERO
DE LA SERPIENTE

PALACIO PEQUEÑO

DEPOSITOS

EDIFICIO DE
ADMINISTRACION

CUARTEL

IGLESIA
BIZANTINA

PALACIO
OCCIDENTAL

CASA DE BAÑOS
DE ESTILO ROMANO

PALACIO-VILLA DE HERODES
DE TRES NIVELES

SINAGOGA

4. LOS EDIFICIOS DE HERODES

El Sistema de Agua

Los historiadores han cavilado sobre el modo como Herodes y más tarde los celotes, resolvieron el problema del agua, puesto que en la región escasea en gran medida. No existe manantial alguno en la vecindad y llueve muy poco. ¿Cómo es posible, por lo tanto, que los celotes hayan vivido allí durante varios años? Y si traían el agua de alguna fuente distante, ¿qué es lo que hicieron en los últimos meses cuando estuvieron sitiados y no podían abandonar el lugar?

Josefo escribió que había cisternas cavadas en la roca de Masada y que éstas aseguraban un abundante suministro de agua. Las cisternas creadas en la cumbre habían sido vistas y examinadas por todos quienes habían trepado al monte. Pero no se veía por dónde se llenaban, aunque era evidente que el agua llegaba por algún lugar. Pero, ¿por dónde?

En 1953 el grupo Guttman decidió investigar algo que había visto en sus frecuentes visitas. Si uno se ubica junto al campamento de Silva frente a Masada, a izquierda de la rampa, más o menos en la mitad de la ladera noroeste, podrá distinguir lo que parece ser una serie de agujeros en la roca, o más bien dos series, una sobre la otra. Nadie había trepado para mirarlos de cerca y determinar con certeza qué eran.

Pero los integrantes de ese grupo lo hicieron. Constataron que los agujeros eran aperturas en la roca que conducían a las enormes cisternas excavadas por el hombre. De hecho, se trataba de las cisternas de agua que Josefo había citado. Ya en el siglo XIX los asistentes de Lynch habían pensado que podrían ser estanques. Las paredes, el piso y el techo de cada cisterna estaba revestida con una argamasa lisa, blanca y resistente al agua. Junto a la entrada de cada apertura había escalones tallados en la roca que llevaban hasta el suelo. Algunas de esas cisternas estaban llenas de escombros.

Mientras que se movía a lo largo de la pendiente de Masada, el grupo de Guttman notó los restos de un viejo acueducto, un canal de agua creado por el hombre, junto a la boca de cada cisterna. Esta era una prueba más de que esa parte del acueducto conducía a otra parte del valle que separa la roca de Masada de la meseta principal del desierto de Judea.

Estas exploraciones se prosiguieron en la expedición de 1955-56, y gran parte de lo que se conoce hoy sobre las cisternas y el sistema de agua -que fueron construidos por los ingenieros de Herodes- se debe a esos estudios, aunque la expedición de Yadin tuvo que descubrir las fuentes precisas del agua y esbozar un panorama completo sobre el particular.

La subida para inspeccionar las cisternas es más difícil pero más interesante que recorrer el sendero de la serpiente. Caminar hasta el pie de la roca es fácil, pero entonces comienzan una serie de angostas sendas que zigzaguean en la ladera inferior. Esas veredas se han desmoronado en algunas partes y en otras están cubiertas por rocas, y es necesario ser ágil para salvar esos obstáculos. Eventualmente se llega a la boca de uno de esos "agujeros", y al mirarse dentro de la caverna se obtiene una generosa recompensa por el esfuerzo realizado.

Hay cuatro cisternas en la hilera baja y ocho en la superior, y todas son enormes. La mayor tiene 4.230 metros cúbicos, y la más pequeña, 2.500.

La argamasa es realmente magnífica, muy bien aplicada y lisa al tacto, y parece que haya sido puesta hace tan sólo un mes y no dos mil años atrás. La marca del agua aún es visible, mostrando que las cisternas frecuentemente habían estado llenas. Los escalones permitían llegar al agua cuando su nivel hubiese bajado. Uno se siente aliviado por ser un simple visitante y no un antiguo "aguador". Porque los escalones son estrechos y no están protegidos por una barandilla o pasamano. Tan sólo subir y bajar, sin tener que llevar una pesada carga de agua, ya es una ardua tarea. Las cisternas fueron evidentemente excavadas a mano en un lado del peñasco y no se trataba de cavernas naturales que habían sido acondicionadas para ese uso. En algunos

Interior de una de las cisternas. La escalera original está en primer plano a derecha. Su tamaño puede ser apreciado por la persona que hay al fondo

lugares en donde ha caído la argamasa, aún se puede ver las señales de los picapedreros. Además, en cinco cisternas se dejaron columnas en medio: es decir, la roca fue tallada alrededor de ellas, para que sostuvieran el techo. En una cisterna de la hilera superior, la mayor de todas, la columna tiene 7,5 metros de alto (lo que equivale también a la altura de la cisterna) y 2,4 metros de ancho: Nueve tienen forma rectangular, las otras son irregulares.

Estos eran, por consiguiente, los estanques que los hombres de Herodes habían construido. El agua llegaba por medio de acueductos, cuyos restos se pueden ver hasta el día de hoy. Estos son los indicios de construcciones de piedra al nivel de las aberturas de las cisternas. ¿Cuáles eran los otros extremos de los acueductos? Al norte y al sur de Masada hay dos hendiduras en las montañas. Se las llama wadi, el vocablo local para cauce natural seco o rambla. Un acueducto conducía del wadi sur a la serie superior de las cisternas, el otro canal de agua conectaba la hilera inferior con el wadi septentrional.

No cabía duda que éstas eran las instalaciones, y ahora ya se sabía que por los acueductos corría el agua de los wadis. Pero ¿cómo llegaba el agua a esas ramblas, en esta región tan árida?

De las inundaciones repentinas.

Una tal inundación llamada aluvión o riada es un torrente repentino de agua que corre a través de los cauces secos y las grietas que abundan en la parte baja del Mar Muerto. Es una masa de agua de gran volumen que se precipita violentamente, llenando los lechos de las ramblas en contados segundos y creando aluviones al desbordarse. El agua llega de muchos kilómetros a la redonda, ya sea después de copiosas lluvias en invierno o de la nieve derretida en las lejanas cumbres de los montes durante la primavera. El agua corre por el terreno descendiendo de lo alto y cuando, como en el Mar Muerto, la diferencia de altitud es tan pronunciada, la velocidad de la corriente es espantosa. Lo que comienza como un

goteo se convierte en un torrente.

Llega sin preaviso alguno. Hace unos años un grupo de turistas franceses fue sorprendido por una de esas riadas cuando caminaban por el desfiladero de Petra, en la parte oriental del Mar Muerto en Jordania. La mayoría de ellos murieron ahogados. El agua irrumpe en las cañadas tan vertiginosamente, que quien se encuentre allá prácticamente nada puede hacer para salvarse.

Por lo general, esas aguas se pierden y al poco tiempo, por efecto del cálido sol, casi no queda señal alguna de que el suelo se haya siquiera mojado.

Los ingeniosos ingenieros de Herodes que construyeron las cisternas y los acueductos de Masada, se propusieron encauzar el agua, controlarla y hacer que llegara a esas cavidades excavadas en la roca. Estas se llenarían en unas horas, lo que reuniría un volumen suficiente hasta la próxima avenida.

Para lograrlo construyeron diques en los dos wadis, y a partir de éstos crearon los acueductos, teniendo cuidado que siguiesen una vertiente descendente hasta llegar a las bocas de las cisternas. Cuando las aguas llegaban impetuosamente por los wadis eran detenidas por los diques, y luego a través de los acueductos corrían por el efecto de la gravedad hasta llegar a las cisternas.

La expedición de 1955-56 no encontró indicio alguno de un dique, pero sí restos de una plataforma excavada en la roca en el wadi meridional, para que hubiera lugar a fin de construir un dique en un sitio que sin duda era donde habría estado. "No era necesario ningún dique grande -escribieron- puesto que en este punto el valle es rocoso y angosto. Al sur de la rampa romana, también encontró un tramo enlucido de un acueducto destruido de unos 35 metros de largo y un metro y algo de ancho. Su informe indica: "Estaba cubierto por una capa de tierra y cascajo. La argamasa es fuerte y descansa sobre cimientos de piedra; los costados, que fueron construidos para evitar que las aguas descendieran por la ladera del valle, aparecen de vez en cuando".

Vista aérea de la cumbre de Masada mostrando la parte superior del sendero de la serpiente al llegar al muro de casamata, a izquierda de los restos de los depósitos de Herodes.

La expedición creía que el wadi sur era la única fuente de las cisternas. La expedición de Yadin encontró el nexo del wadi con el sistema de agua herodiano.

Aquí, por lo tanto, estaban los estanques a un lado del peñasco, que guardaba la vasta cantidad de agua precisada para los habitantes de Masada. Y, ¿cómo llegaba a la cima? Era llevada ya fuera a mano como a lomo de bestias de carga. En la época de Herodes, la tarea era realizada con toda seguridad por esclavos. Pero los celotes tenían que cumplirla por sí mismos, aunque también es posible que fueran ayudados por animales. Es evidente que durante el sitio, lo deberían hacer amparados por la oscuridad.

Siendo como era una ladera tan empinada, ¿cómo llegaban a la cima? No parecía haber señal alguna de una senda en la parte noroeste. Sin embargo, los arqueólogos encontraron la respuesta. A lo largo de las dos hileras de cisternas y llevando hacia el borde norte de la roca habían sendas creadas por el hombre, que iban a lo largo de la ladera oriental para llegar al sendero de la serpiente.

¿Qué se hacía con el agua que llegaba a la cumbre? Para ello estaban las cisternas excavadas en la cima. Eran los "tanques" de agua para el uso diario, y tenían suficiente volumen, de ser usada con cuidado, para durar varias semanas, sino meses. Con toda seguridad eran llenadas tan pronto como una riada llenase las cisternas de la ladera. Ello también indica que durante el sitio romano, los celotes no habrían tenido que realizar más que unas pocas veces esos penosos y peligrosos viajes. No usaban el agua en una forma tan pródiga como Herodes, y la expedición pronto pudo comprobar hasta qué punto lo era cuando desenterró los magníficos baños romanos en la cumbre, que había construido para sí mismo y su familia.

Hoy en día, con los acueductos destruidos y las cisternas vacías, los exploradores del siglo XX de la expedición de Yadin, tuvieron que recurrir a pequeñas botellas de agua para saciar su sed, mientras que dos milenios antes otros habían tenido a su disposición decenas de miles de litros de ese líquido, ingeniosamente traídos por las maravillas de la ingeniería.

El Palacio Colgante

La estructura de tres niveles que se yergue en el punto septentrional de la cumbre, fue el edificio más impresionante erigido por los arquitectos e ingenieros de Herodes en Masada. ¿Por qué lo había construido? ¿Cuál era su finalidad? ¿Con cuál de los edificios herodianos descritos por Josefo podía identificarse?

Estos eran algunos de los interrogantes que la expedición esperaba poder aclarar, al llegar a Masada para excavar sus ruinas. El objeto del arqueólogo no es anotar, por el mero hecho de registrar, los detalles de un muro, un pavimento, una columna, una jarra o una moneda, sino utilizar esos hallazgos, que también pueden ser valiosos y artísticos de por sí, como pistas para obtener una visión global de la estructura en la que fueron hallados o de la que formaban parte, y el papel que tuvieron en la vida de las gentes en su época.

Ya hemos visto que algunos de los exploradores del siglo XIX pensaron que ese edificio fuera un fuerte. Pero los visitantes a principios de este siglo, si bien constataron que no se trataba de una fortaleza, no sabían decir con certeza lo que era. Fueron Shmariahu Guttman y Micha Livne y la expedición de 1955-56 que llegó a la conclusión que se trataba del celebrado palacio de Herodes descrito por Josefo. Pero al obrar así estaban refutando la conclusión de Schulten, quien había dicho que el palacio de Herodes era el gran edificio al este que había examinado brevemente.

Las opiniones conflictivas surgieron como resultado de la descripción de Josefo. La hipótesis de Schulten era muy factible, porque "su" edificio era realmente suntuoso. Era el mayor de Masada y estaba ubicado en el lugar más apropiado para ser un palacio. Lo que preocupaba a los eruditos es que no coincidía con los detalles en los escritos de Josefo.

Josefo había escrito que Herodes "había causado que se erigiera un suntuoso y magnífico palacio... en la subida de la parte de occidente, debajo de las fortificaciones de la cumbre,... y vuelto hacia el septentrión..." Evidentemente, el palacio descrito por Schulten estaba al oeste, pero no se hallaba debajo de las fortificaciones en la cumbre, sino dentro del perímetro de la casamata, y no se inclinaba ni miraba hacia el norte.

Además, Josefo había agregado que "un pasaje hundido llevaba del palacio hasta la cima del monte, que por de fuera era invisible". Ello no coincidía en absoluto con la descripción del edificio de Schulten, que estaba en un terreno llano. Este no hubiera necesitado un "pasaje hundido" que llevara del palacio a la cumbre del monte, puesto que ya se encontraba en la cima.

Unicamente con los descubrimientos de los arqueólogos israelíes a mediados de los años cincuenta, se evidenció que todos los detalles de ese palacio septentrional coincidían con lo escrito por Josefo, salvo en uno: su alegación que estaba "en la subida de la parte de occidente", cuando de hecho se encontraba en el punto norte. En lo demás, todo se ajustaba perfectamente. El edificio miraba hacia el norte, estaba debajo de la casamata, y la distancia entre las terrazas era tan grande que habría sido necesario algún "pasaje", preferiblemente "que fuese invisible", para pasar de una a otra parte y llegar "hasta la cima", y que un tal pasaje -escaleras- fue encontrado.

Incluso el punto de "la subida de occidente", que parecía una contradicción, fue explicada por eruditos previos. Josefo había errado, y tenían una explicación muy razonable. Indicaron que, de hecho, jamás había visitado el lugar, sino que sólo lo había contemplado desde lejos. Incluso su relato del sitio de Silvia fue en base a lo que se le relató, puesto que entonces ya estaba en Roma. Ni tampoco es tan detallado como su descripción del sitio de Jerusalén, del que fue testigo ocular.

Dice en su autobiografía que siendo joven había permanecido tres años en el desierto de Judea, y es muy posible que haya visto la fortaleza de Masada desde fuera. En aquella época estaba ocupada por una guarnición romana, y resulta poco probable que los soldados hubiesen permitido a un joven ermitaño judío, que lo era entonces, inspeccionar los edificios de la fortaleza. "Esta impresión es confirmada por todas las descripciones de Josefo sobre Masada", se indica en el informe de 1955-56. "De una parte da prueba de un gran conocimiento, ya fuera suyo como obtenido de testigos fidedignos, pero por la otra comete tales errores de los que se infiere que no había visitado el lugar".

El citado informe señala que "la mejor vista del palacio (es decir, el edificio norte), se obtiene desde el monte al oeste de Masada". Ya que "de hecho Masada carece de lado norte, puesto que la roca desciende allí hasta un punto... el espectador ubicado al oeste ve el palacio 'en la subida de la parte de occidente'... e inclinado hacia el norte, exactamente como lo describe Josefo".

El documento agrega: "El pasaje excavado en el roca, invisible desde fuera, parece haber causado la mayor impresión a los contemporáneos". El espectador ubicado al oeste vio un gran edificio en una terraza inferior, y mucho más arriba, una construcción circular, y más alto aún, sobre la escarpada roca, otro edificio adicional en la terraza superior. "La escalera entre los dos (últimos) edificios fue excavada en la roca, y era invisible a ojos del espectador. Podemos imaginar la impresión que ese 'pasaje invi-

sible' dejaría a quienes, desde fuera, viesen que una persona desaparecía de vista en la ladera de la roca y reaparecía en su cumbre".
Si así fuera y el palacio de Josefo fuese ese edificio al norte y no aquél al occidente, que de ningún modo coincidía con la descripción de Josefo, ¿qué había inducido a esos expertos a aceptar la teoría de Schulten y cómo había el propio Sculten llegado a formarla? No estaban totalmente convencidos, pero repetían el argumento de las inexactitudes de Josefo, indicando que también en este caso se habría equivocado. Pero mientras que la expedición de 1955-56 sólo había explicado una inexactitud -lo que hizo en el modo más razonable- los demás tenían que poner en tela de juicio toda su descripción. Después del informe de esa expedición, todos aceptaron el hecho que el palacio descrito por Josefo era efectivamente ese edificio septentrional.
En ese caso, ¿qué problema restaba por ser resuelto por la expedición?

Por un lado, era necesario realizar muchas excavaciones adicionales en las propias ruinas, para poder establecer todos los hechos arqueológicos. Por el otro, si bien el edificio podía coincidir con la descripción de Josefo, Yadin seguía poniendo en tela de juicio de que pudiera ser un palacio funcional. El palacio de Schulten parecía más adecuado; sin embargo, no era el edificio a que se refería Josefo. Por lo tanto, Yadin se proponía excavar ambos a fondo y sólo después llegar a una conclusión dada.
Al terminar las excavaciones Yadin pudo determinar que los dos eran palacios. El edificio de Schulten era el palacio oficial de Herodes, el lugar en donde se gestionaban los asuntos de Estado, recibía a los visitantes y se cumplían las ceremonias del protocolo real. El edificio norte, evidentemente el descrito por Josefo, era el palacio privado de Herodes, su residencia

Piso de mosaico conservado en la casa de baños.

privada, donde se retiraba con sus amigos para descansar. Para distinguir entre ambos, Yadin decidió llamar a este último el palacio-villa (o sea, residencial) y el otro, el palacio occidental.

La terraza superior del palacio-villa está a unos 20 metros sobre la terraza intermedia, y a 32 de la inferior. Cuando la expedición llegó para excavar allá, se dio cuenta que desde el punto de vista arqueológico, la primera sería la menos interesante de las tres. Ya que como estaba más expuesta, habría sido mayormente afectada por las inclemencias del tiempo. Y como era más accesible a quienquiera trepase a la cumbre, tanto conquistadores como ocupantes en el lejano pasado y visitantes en años recientes, habría sido objeto de mayores daños, desgaste y saqueo.

Sin embargo, arquitecturalmente era la más impresionante. Aquí había una terraza, virtualmente la continuación de la cumbre, con un enorme pórtico semicircular en el punto norte, que ceñía el borde del peñasco, ofreciendo una vista completa del Mar Muerto, las montañas y el desierto, y como es obvio, de las terrazas inferiores. Detrás del pórtico, más cerca de la cima, estaban las ruinas de las habitaciones. Yadin llegó a la conclusión que esta terraza era la parte residencial de la villa. No era tan grande como otros eruditos habían pensado. Los últimos resultados arqueológicos demostraron que Herodes había construido aquí cuatro estancias y varios corredores. Este es un buen ejemplo del valor que tiene una extensa investigación arqueológica, siempre y cuando resulte posible. Después de su breve estudio, la expedición de 1955-56 indicó que había encontrado una "casa rectangular de nueve habitaciones". Los arqueólogos de Yadin constataron que varias de esas "nueve habitaciones" fueron construidas quinientos años más tarde por monjes bizantinos. Masada les había servido como lugar de retiro en los siglos V y VI.

En algunas de las estancias herodianas, se encontraron pisos de mosaico, algunos en buen estado de conservación. Eran de simple diseño geométrico, en forma de panal hexagonal, en negro y blanco. Los cubos blancos eran de piedra caliza local, y el negro de una blanda piedra bituminosa encontrada cerca del Mar Muerto. Estos son los mosaicos más antiguos encontrados en Israel. Su diseño es semejante al de los mosaicos hallados en Italia del primer siglo A.C. y A.D., lo que hubiera confirmado que eran construcciones herodianas, incluso si no hubiera otra evidencia. En el lugar se encontraron indicios de que las paredes y el techo de esos aposentos estaban brillantemente decorados, no con mosaicos sino con pinturas. En la terraza habían elegantes columnas, que si bien ya no existían sus restos fueron encontrados muy cerca. Sin embargo, la expedición de Yadin halló la mayor parte de las basas de las columnas y sus capiteles, así como trozos de las propias columnas y, además, restos de la argamasa pintada que había decorado las habitaciones de la terraza. Todo ello fue encontrado en un gran montículo de tierra y escombros, al sur de esa terraza.

Desde el principio de las excavaciones, se asignó un gran número de voluntarios a trabajar en ese montículo, y la labor prosiguió ininterrumpidamente durante todas las dos temporadas. Yadin estima que en total se retiraron no menos de 40.000 metros cúbicos de escombros. La tarea se realizaba lentamente porque, como fue la norma en la expedición, todo lo que fuera excavado tenía que ser tamizado. Pero los resultados fueron muy provechosos.

La finalidad de este detallado estudio del montículo no fue inicialmente encontrar restos de la terraza superior, sino investigar los indicios de un muro que separaba el palacio-villa de Herodes del resto de Masada. Se veían piedras que sobresalían del montículo, lo que sugería que fueran el tope de un tal muro y efectivamente, una vez retirados todo el cascajo y los escombros, se desenterró el muro, un muro herodiano, masivo y bien conservado, cubierto de un estuco blanco, una suerte de enlucido usado para cubrir la superficie de un

Vista general de la terraza inferior.

edificio.

Durante la tarea se encontraron algunos objetos pequeños pero importantes como óstraca, alhajas y centenares de monedas y -antes de cribarse- piezas de alfarería ornamental del período herodiano, así como partes de argamasa pintada y pilares de piedra que ya hemos mencionado. Este montículo probablemente habría sido primero un basurero, y los escombros de la terraza superior habrían sido tirados por quienes ocuparon Masada: los celotes, la guarnición romana y los monjes bizantinos.

Una palabra sobre las columnas de piedra que, según sugiere Yadin, seguramente habrían sido ubicadas en el pórtico semicircular como un elemento puramente decorativo. Josefo, al describir la magnificencia del palacio, afirma que los pilares habían sido cortados de un sólo bloque "cada uno de una piedra entera". Y sin embargo los arqueólogos, al desenterrar la realidad, son frecuentemente los enemigos de lo romántico. Puesto, ¿qué fue lo que encontró el grupo de Yadin? Que cada columna no había sido cortada de una sola piedra, sino tallada de varias que habían sido ajustadas juntas. Cada una de esas secciones -y muchas de ellas fueron encontradas intactas- tenía la forma de un tambor, o de un gran queso suizo. Luego que se pusieron juntas, toda la columna quedó acanalada, estriada, con ranuras verticales talladas a todo lo largo de su superficie, y luego cubiertas con estuco para que no se viesen. Luego habían sido colocadas sobre una basa de piedra y coronadas con un capitel decorativo. En la terraza superior eran de estilo jónico, con un adorno de pergamino esculturado a cada extremo. Quienquiera que viera esas columnas, incluso de cerca, podría recoger la impresión descrita por Josefo.

De mayor significado arqueológico fueron las marcas encontradas en las secciones de las columnas. Para asegurar que cada una encajara exactamente en la otra y facilitar su montaje, los constructores habían puesto una marca especial en cada una, una letra para indicar a qué columna pertenecía y un número para recordar su posición en la misma. Las letras eran hebreas, mostrando que los expertos picapedreros y los constructores eran judíos. Para llegar a la terraza intermedia, la expedición usó los escalones construidos por los ingenieros del Ejército israelí, y no la originalmente creada en la época de Herodes, aunque quedaban algunas partes de esta última. Evidentemente, la escalinata inferior que llevaba de la terraza inferior a la intermedia estaba suficientemente bien conservada para mostrar cómo había sido construida. Toda ella había sido tallada en la roca y rodeada por un muro externo, lo que bien la habría convertido "en invisible de fuera". Pero el muro hacía mucho que se había desmoronado y caído al precipicio.

Ya que esa escalinata tenía que cubrir una

El edificio circular en la terraza intermedia, visto desde la terraza superior.

considerable altura para llegar a la próxima terraza, y toda la estructura se aferraba al borde del peñasco sin que hubiera lugar para peldaños normales, Herodes construyó una escalera espiral. Arqueólogos anteriores ya habían encontrado el pilar de piedra enlucida a cuyo alrededor estaban los escalones. A la escalinata espiral se llegaba por unos peldaños comunes, y en las excavaciones se desenterraron ocho de ellos. Eran de piedra, pero de los fragmentos de madera carbonizada y de argamasa encontrada en los escombros, los expertos llegaron a la conclusión que sobre

La columnata occidental interior en la terraza inferior, con la escalinata que lleva a las terrazas del palacio colgante a derecha.

cualquier observador exterior, el aspecto del peñasco entre las terrazas parecía ser liso y, como es obvio, ese "pasaje hundido" hubiera sido invisible.

La principal característica de la terraza intermedia eran los restos de una estructura redonda. Esto es lo que había inducido a los compañeros de Lynch en el siglo XIX a hablar de una "torre redonda", y a Tristam mencionar "un fuerte circular con doble muralla".

Dos bajos muros concéntricos ocupaban la mayor parte de la terraza. Tenían un metro de ancho, el espacio entre ellos era de 1,20 metros, y el diámetro del muro circular exterior llegaba a casi 15 metros.

A primera vista, era fácil comprender por qué el observador casual hubiera pensado que se trataba de los cimientos originales de "una torre redonda", construida para proteger el borde norte de Masada. Sin embargo, más tarde se descubrió que los extremos superiores de los dos muros circulares estaban "construidos con bloques alisados de piedra arenisca". Estos eran, de hecho, los cantos lisamente nivelados de los muros. Nunca habían sido construidos más alto, desde luego que no con piedra. Los restos entre las piedras y el centro indicaban tan sólo que el espacio entre ambos nunca había sido llenado y que no había marca alguna de que hubiera sido cubierto. Pero la finalidad que hubiera tenido sigue siendo un enigma.

Detrás de los muros concéntricos había un pórtico de unos 6 metros de ancho y detrás de él, en donde la terraza llegaba a la roca de Masada, una excavación experimental previa había hallado los restos de habitaciones y, precisamente debajo de una enorme pila de escombros, las cimas de cuatro pilares de piedra.

Cuando los excavadores sacaron los montículos de escombros y los masivos trozos de roca caídos del nivel superior a través de los siglos, encontraron que el lado sur de la terraza había sido originalmente un patio cubierto. Al norte y sur del mismo habían habitaciones cuya existencia ya se conocía de estudios previos.

los escalones de piedra había una escalera de madera. De otra evidencia hallada se podía presumir que esos escalones habían sido tablones de madera, que descansaban sobre vigas afianzadas con argamasa a los muros.

Hallazgos similares se encontraron en la escalinata superior, que llevaba de la terraza intermedia a la superior, aunque aquí sólo se había conservado la sección baja. Los restos llegaban a 6 metros de alto, y los peldaños en tres costados eran de piedra. A la próxima vuelta, había parte de un escalón de madera. Sin embargo, y en contraste con la escalinata inferior que había sido excavada en la roca, la superior había sido creada en un hueco de escalera tallado dentro de la roca. Para

En cuanto a los pilares cuyos topes se habían visto, se trataba de columnas construidas sobre el muro meridional, que en parte había servido para sostener el techo. La parte inferior del muro estuvo cubierta con pintura decorativa, pero de ella quedaba muy poco.

Yadin llegó a la conclusión que esa estructura circular era lo que en arquitectura se denomina tolos, una palabra griega que hace alusión a un edificio circular, que por lo general pero no necesariamente tiene columnas que sostienen el techo. Esos edificios eran muy populares en el mundo helenista de aquella época. Descansando sobre los bajos muros concéntricos de Masada habría un suelo, probablemente de madera.

Y en cuanto se refiere a por qué habían dos muros circulares y no uno, Yadin fue capaz de explicarlo solamente luego de haber completado la excavación de las tres terrazas del palacio-villa y haber estudiado los métodos de construcción de los antiguos ingenieros. El problema que tenían era cómo brindar suficiente soporte para el peso de las terrazas artificiales, construidas en este estrecho punto de la roca. La escarpada superficie del peñasco no les dejaba lugar para cimientos masivos. Herodes había pedido un tolos, pero con los cimientos limitados que podían disponer, temían que un solo muro que contuviera montones de tierra y piedras, se desplomaría. Por eso idearon los muros concéntricos, que alivió en parte la presión. Esta es la teoría de Yadin, que ahora es generalmente aceptada por los entendidos.

En cuanto a la finalidad de la terraza, Yadin afirma que evidentemente fue concebida por Herodes como un lugar de descanso y recreo, "un sitio donde uno pueda sentarse, comer, relajar los ánimos y contemplar el panorama", o sea el mismo que servía la terraza inferior. Los antiguos ingenieros habían sido ingeniosos en brindar apoyo para las dos terrazas superiores, pero su habilidad quedó plenamente demostrada en la construcción de la terraza inferior, la más adornada y ambiciosa de las tres. A este nivel, a unos treinta metros debajo de la cima, el borde norte del peñasco es el más angosto, y tiene a lo sumo algunos metros. Pero lo que Herodes quería es que construyesen una terraza y erigiesen sobre ella una estructura cuadrada, cada uno de cuyos lados tuviera 17 metros y estuviera cubierta con hileras de columnas.

Lo que hicieron, por lo tanto, fue construir muros al borde de la proyectada terraza y enormes contrafuertes en la superficie norte y este del peñasco, de modo que este último y los muros agregados formasen una masa compacta que otorgase una plataforma sólida para los edificios. Mirando abajo, hacia esos muros, desde el borde de la terraza, prácticamente colgada sobre las laderas casi perpendiculares del peñasco, es difícil imaginar cómo se pudo realizar en aquellos días este osado proyecto de construcción.

Se hallaron algunos indicios muy interesantes sobre el modo como los constructores de antaño afianzaron esos contrafuertes a la roca. En distintos lugares de la superficie de los muros habían boquetes de unos 20 cm. entre los bloques de piedra. Al inspeccionarlos, se encontró en algunos los restos de gruesas ramas de madera que habían sido fijadas con argamasa. Tres de esos boquetes estaban alineados con hendiduras naturales en la roca, en la que se había construido el muro. Resultaba evidente que los constructores habían usado esas ramas como vigas para "ligar" el muro con la roca, aprovechando las grietas naturales del peñasco.

De los restos de la terraza fue posible reconstruir el diseño original del edificio cuadrado con columnas, que contaba con cuatro claustros -galerías cubiertas con columnas a ambos lados- que rodeaban un patio cuadricular. Un muro, el septentrional, estaba formado por la ladera del peñasco de Masada, cuya cima formaba el borde de la terraza intermedia. Contempladas en perfil, las tres terrazas del palacio-villa podían ser consideradas como tres enormes peldaños.

Los muros y la mayor parte de la columnas de los lados expuestos se habían desmoronado

mucho atrás y precipitado al vacío, pero había una gran acumulación de escombros en la parte sur y a lo largo del costado este del patio. Cuando todo quedó limpio se comprobó que el edificio entero estaba enlucido; que algunas de sus partes tenían un fino revestimiento con paneles decorativos pintados en buen estado de conservación; que las columnas, como en la terraza superior, no eran de una sola piedra sino de diversas secciones, y que debajo de los claustros al este y al oeste habían sótanos y estructuras adicionales.

Incidentalmente, las columnas tenían una basa ática, y en contraste con las de la columna superior, estaban coronadas con un capitel de estilo corintio. Una basa (o base) ática aparece como tres bizcochos redondos, planos y gruesos, siendo el del medio cóncavo y los otros dos, convexos. Un capitel corintio tiene la forma de un balde y está adornado con hojas de acanto labradas de las que surgen dos pergaminos enrollados, llamados volutas, saliendo de un ángulo en las esquinas superiores y, en Masada, habían dos pequeñas volutas enrolladas una hacia la otra que se encuentran en el centro.

Los murales eran variados. Habían paneles de verde con franjas rojas y bordeadas en rojo y negro. Algunos eran todo rojos; y había cierto número de murales "veteados", para brindar el efecto del mármol. También aquí, como en las columnas, la intención de Herodes era producir una imitación de opulencia para impresionar a los visitantes y amigos, y en el caso de las columnas evidentemente logró

impresionar a Josefo muchos años después, porque escribió que las paredes del palacio estaban cubiertas del mármol.

Las pinturas eran del estilo entonces popular en el Imperio Romano, y figuran entre las mejores conservadas de ese período. Yadin estaba interesado en que se asegurara su conservación. Lo que suele hacer en una excavación como ésta es retirar tesoros de esa índole para ser colocados en un museo. Pero en razón del atractivo especial de Masada y el deseo de permitir a los visitantes verlo como era en tiempos antiguos, se decidió dejar los murales en donde estaban.

Sin embargo, ello planteaba un problema. Durante siglos habían estado protegidos por los escombros y antes, por los edificios cubiertos de Herodes. Ahora estaban expuestos a la intemperie, con el serio peligro de la erosión. Se intentó inyectar goma en la argamasa para que estuvieran mejor adheridos a la roca. Pero esos intentos fracasaron. Israel pidió la asistencia de la UNESCO, que tiene un departamento para la conservación de lugares históricos, así como a expertos italianos. En base a su asesoramiento, se sacaron cuidadosamente los murales de Masada, se raspó con particular esmero la vieja argamasa, se colocó una nueva capa adherente, cada panel pintado fue insertado en un marco especial, y se colocaron las pinturas encuadradas en sus lugares originales en la terraza inferior, donde pueden ser admiradas hasta el día de hoy.

La estructura oriental adyacente a los sótanos debajo del edificio era un ala con varias habitaciones. Fue sometida a un cuidadoso examen por los expertos de Yadin, quienes realizaron un notable descubrimiento arqueológico. Encontraron allí el cuarto de baño privado de Herodes, y aunque era relativamente pequeño, había sido construido según el concepto clásico de la casa de baños romana, con una piscina de agua fría, una cámara tibia y otra caliente y tuberías colocadas en el espacio entre un doble piso.

Al contemplar esta estructura de dos milenios

Arriba, izq.: Vista de cerca de los murales en la terraza inferior.
Arriba, der.: Voluntarios limpiando frescos antiguos en la terraza inferior.
Abajo: La columnata en la terraza inferior.

aún bien conservada, y después de haber visto el edificio con columnatas en la terraza inferior y el concéntrico "tolos de placer" de la terraza intermedia, se obtiene una impresión vívida del lujo personal en que vivía Herodes, que sus osados e imaginativos ingenieros y arquitectos le habían proporcionado. Resultaba claro, después de once meses de cuidadosas excavaciones, que este palacio-villa había sido construido exclusivamente para placer, comodidad, descanso y recreo del Rey, y que los edificios, aparte de los aposentos en la terraza superior, eran simplemente lujosos adornos.

¿Por qué había elegido Herodes este lugar particular del norte para este palacio, en donde estaba colgado sobre el precipicio y requería tanto esfuerzo y vastos recursos para ser construido, aunque hubiera podido erigirlo en cualquier solar llano de la cima del Masada? Yadin formula una ingeniosa respuesta. Era el único sitio de todo Masada que está abrigado contra el tórrido sol y el viento caluroso durante todas las estaciones, y al respecto escribe:

"El punto norte de la roca de Masada -y en particular en las terrazas intermedia e inferior- son el único lugar de Masada que está protegido durante la mayor parte de las horas diurnas: protegido contra el sol, de modo que es fresco y agradable, y protegido contra el viento del sur -ya que los muros de roca de cada terraza lo detienen- y así es un sitio apacible y tranquilo".

Qué diferente de ese modo de vida lujoso era la austeridad de los celotes, cien años más tarde, y cuán dramáticos fueron los hallazgos de sus pobres restos superando a las riquezas de Herodes.

Ya que los celotes llegaron después, sus reliquias fueron encontradas primero por los excavadores de Yadin, puesto que se hallaban en un estrato superior a los demás niveles. A medida que los voluntarios retiraban los escombros y el cascajo en la terraza inferior, y antes de desenterrar el estrato en donde estaban los murales, encontraron una gruesa capa de cenizas que, se comprobó, habían sido el resultado de un gran incendio.

Entre las cenizas se hallaron huesos de dátiles y olivas así como monedas judías, de la época de la Guerra Judía contra los romanos, que habían sido acuñadas entre 66 y 70 A.D. La emisión de sus propias monedas fue una expresión judía de independencia. Algunas de las monedas encontradas en este estrato de la terraza inferior llevaban la inscripción "Para la Libertad de Sion". *"Es evidente -afirma Yadin- que estábamos revelando los restos de aquel incendio mencionado por Josefo, cuando escribió que los luchadores de Masada quemaron sus edificios comunales antes de que se suicidaran, para evitar que fueran usados por los conquistadores romanos".*

Pero el hallazgo más dramático se descubriría posteriormente, cuando se sacasen los escombros de la casa de baños privada de Herodes. En los peldaños que conducían a la piscina de agua fría yacían los restos de tres esqueletos. Normalmente, ello no sería motivo de sorpresa. En las excavaciones arqueológicas se encuentran frecuentemente huesos humanos, pero cuando éstos fueron estudiados por expertos en anatomía, se puso en claro que uno era de un hombre de unos veinte años, el otro de una mujer joven y el tercero de un niño.

Todos ellos fueron hallados en el estrato de los celotes. Junto al esqueleto del hombre se encontraron escamas plateadas de armadura, cabezas de saetas, partes de un manto de rezo judío (talit) y un óstracon con una inscripción hebrea. El esqueleto a su lado fue identificado inmediatamente como el de una mujer y para ello no era necesaria opinión experta alguna: en el cráneo estaba todavía el cuero cabelludo, y éste exhibía hermosas trenzas de pelo moreno. Junto a los huesos se hallaron sus sandalias.

Yadin estima que el esqueleto masculino era de uno de los comandantes de los celotes, y que los otros podían ser los de su familia. Al recordar el relato de Josefo sobre la última noche cuando el último sobreviviente incendió

el palacio y luego se mató a sí mismo al lado de su familia ya sin vida, Yadin se pregunta: *"¿Acaso hemos descubierto los restos de ese combatiente y de sus parientes? Pero, como es obvio, jamás lo podremos saber con certeza".*

Además de excavar el muro que separaba el palacio-villa del resto de la cumbre, los grupos realizaron amplias excavaciones en el punto oriental. Había sido aquí, en donde el muro todavía estaba enterrado bajo un montículo de escombros, que la expedición de 1955-56 había encontrado una apertura y junto a ella, un banco de piedra. Raspados en los muros detrás y al lado del banco habían dibujos primitivos, y frente al banco se encontraron restos de comida: huesos de dátiles, cáscaras

Los depósitos parcialmente reconstruidos.

de almendras, sal... y trozos de piel de calzado, inclusive una suela y una correa. Se llegó a la conclusión que el banco era usado por el centinela real allí apostado para vigilar la entrada de la villa, y que los dibujos eran obra de los vigilantes aburridos "para matar el tiempo cuando estaban de guardia". Los restos de comida indican que algunos de ellos habían comido algo durante su turno de guardia arrojando los huesos.

Era la teoría de Yadin que esta entrada debería conducir a las escaleras de la villa. Tenía razón. Las excavaciones desenterraron una amplia escalinata, y debajo de ella se encontraron los restos de otros escalones más antiguos. La pregunta que se planteaba era si ellos eran obra de "Jonatán", que según Josefo habría sido el primero en construir Masada.

Por doquier de ese lugar se encontró evidencia adicional de dos fases de construcción. El arqueólogo profesional puede discernir con facilidad las indicaciones de dos fases distintas de construcción. En Masada, las edificaciones posteriores usaban bloques de diferente tamaño y el material era piedra caliza y no arenisca. Tampoco resultaba difícil percibir que un nuevo muro de sostén de piedras no labradas cubría la superficie exterior de la muralla original.

Después de un prolongado y cuidadoso estudio, Yadin llegó a la conclusión que ambas fases correspondían al período herodiano, y que la segunda bien pudiera haber sido dictada por un cambio de los planes arquitecturales o por el sismo del que se tiene noticia ocurrió durante el reinado de Herodes.

De hecho, la expedición no encontró indicio alguno de cualquier edificio de un período previo al de Herodes -y excavó un 97% de la cima de Masada-; de modo que no había evidencia estructural alguna de lo indicado por Josefo acerca de edificios y cisternas construidos antes de Herodes por "Jonatán el Sumo Sacerdote". Sin embargo y si a pesar de no haber evidencia estructural esos edificios hubieran existido, Yadin encontró una serie de objetos que ofrecen una pista sobre a cuál de los dos asmoneos llamados Jonatán se refería Josefo. Se hallaron numerosas monedas acuñadas por Alejandro Janeo. El "constructor" habría sido entonces no Jonatán Macabeo, que encabezó el Estado judío de 160 a 143 A.C., como muchos eruditos suponían, sino su sobrinonieto, el Rey Alejandro Janeo, que reinó de 103 a 76 A.C. y, como ya hemos observado, también era conocido como "Jonatán el Sumo Sacerdote".

Los Depósitos

El conjunto de ruinas que yacían adyacentes al sudoeste del palacio-villa, ya habían sido identificadas por varios exploradores del siglo XIX como los depósitos de Herodes. Habían llegado a esa conclusión sin realizar excavación alguna y ni siquiera estudiarlas debidamente. Todo lo que necesitaban era una breve inspección, y estaban en lo cierto. Estos eran los locales que habían sido especialmente construidos por Herodes durante su fortificación de Masada, para guardar sus provisiones en el caso de que las necesitara si tuviera que usar el palacio como un refugio. ¿Por qué había sido tan fácil reconocer su carácter? Los "detectives" arqueológicos tenían dos importantes "pistas" para ello. Una aparecía en el relato de Josefo. La otra consistía en la forma y el estilo de los propios edificios, lo que era evidente de la configuración de sus cimientos y las hileras de muros desmoronados. En cuanto se refiere a las crónicas escritas, Josefo habla de espléndidos edificios que eran suficientemente grandes para *"almacenar trigo, vino y aceite en abundancia, así como legumbres y dátiles, que pudiesen permitir subsistir a los hombres por mucho tiempo"*. Se sabía, por consiguiente, que entre las principales estructuras erigidas por Herodes había graneros y otros locales grandes para almacenar. Lo que no se supo hasta que el primer explorador llegó a la cima, era si sus restos todavía estaban en pie.

El informe que sí estaban fue rendido por Wolcott en 1842. Teniendo noticia de ello gracias a Josefo, escogió este grupo de ruinas por su forma. "Su forma peculiar -escribió- compuesta de largas habitaciones paralelas, indican que habían sido depósitos o cuarteles, más bien que residencias".

Lo que vio -y lo que vieron los visitantes del lugar en los 120 años siguientes, hasta que esta expedición comenzó a excavar- fue un área bien definida de ruinas que tenía la forma de una gruesa letra L vista en el espejo; o se puede pensar en una zona que llenaba las tres cuartas partes de un gran cuadrado trazado toscamente, la mitad inferior consistente de un gran rectángulo y la parte superior formando un cuadrado en uno de sus ángulos. Cada uno de ellos estaba claramente dividido en una serie de estrechas y paralelas figuras oblongas, diez en el recinto rectangular inferior, o meridional, y cuatro en el septentrional. Cada uno de esos rectángulos representaba los cimientos y parte de los muros de un depósito. El espacio dentro estaba lleno de escombros y de las piedras que se desmoronaron de la parte alta de los muros.

Las depósitos de la serie septentrional tenían unos 20 metros de largo y 3,5 metros de ancho. Los de la parte sur eran mayores, midiendo 27 por 4 metros, aproximadamente. Separaba las dos series un camino de seis metros de ancho, y alrededor de los edificios corría una senda de tres metros.

Mencioné que a los expertos les fue relativamente fácil reconocerlos como depósitos. y desde luego para los exploradores más recientes interiorizados con la arquitectura griega y romana revelada en excavaciones arqueológicas. De hecho, algunas características de los depósitos de Masada correspondían a las recomendaciones para la construcción stándard de ese tipo de locales por el arquitecto romano del primer siglo A.C. Vitruvius (Marco Vitrivius Pollio), en su obra de 10 tomos De Architectura. El y otros también sugieren, por ejemplo, que las aperturas de las habitaciones estén al norte, probablemente para proteger las provisiones del sol. En Masada, todos los depósitos del grupo sur tienen aperturas hacia el norte. También recomienda que se construyan en un terreno alto. Ello se cumple en Masada: la sección norte está en la parte más elevada de la cima.

Actualmente los visitantes no ven las ruinas como las vieron Wolcott y sus sucesores, sino más bien como las contemplaron Eleazar Ben Yair y Herodes; porque la mayor parte de los

Una original vista de los depósitos a izquierda y las cuevas a derecha.

depósitos han sido restaurados. Se han retirado los escombros y se ha excavado en el interior de los locales hasta llegar a su piso original; se han reconstruido los muros de algunos a su altura original de más de 3 metros, con una línea pintada en negro para distinguir lo que había quedado del viejo muro debajo de la parte restaurada arriba, y los senderos entre los depósitos, entre el grupo norte y el sur, y alrededor del conjunto de locales, han sido limpiados.

Para los voluntarios que llegaron hacia la conclusión de la segunda temporada de excavaciones, la restauración ofrecía un panorama poco común en una excavación arqueológica. Normalmente, un arqueólogo mira las ruinas y trata de imaginarse cómo deberían ser en tiempos pasados. Entonces, sin embargo, los voluntarios vieron el aspecto que habían tenido originalmente, y resultaba difícil intuir el modo como aparecían al yacer en ruinas.

Pero para ayudar a ellos y futuros visitantes, Yadin había dejado ex profeso varios depósitos sin restauración alguna, no había reconstruido todos los muros a su altura original, y había insistido en trazar la línea negra para mostrar lo que era original y lo que era nuevo. Y bien que procedió así, puesto que la labor restauradora fue tan auténtica que sin esa indicación habría sido difícil diferenciar entre uno y otro.

Fue una acertada y, arqueológicamente hablando, rara decisión, la de restaurar durante las excavaciones, y comenzar con el conjunto de depósitos. Habían sido construidos de piedra, con grandes bloques de 180 a 225 Kg., que si bien había simplificado la tarea la había hecho mucho más difícil. Simple, porque al ser de piedra se habían conservado sin desintegrarse a través de los siglos, y por ser tan pesados habían quedado en su lugar cuando esas paredes se desmoronaron, de modo que ahora podían volver a ser usados para reconstruir los muros. Pero más difícil porque su peso imponía la necesidad de llevar equipos pesados a la cima para levantarlos, y ello de por sí era todo un problema. Se resolvió desmontando los equipos abajo, enviando las secciones por transportador de cable, y volviendo a montarlas arriba.

Otro factor que facilitó la labor de restauración, en este caso en que la arquitectura típica de los depósitos exigía muros tan largos y gruesos, es que su presente estado no había sido causado solamente por la destrucción de los celotes sino por un subsiguiente sismo. Ello implicaba que en algunos casos los muros se habían desplomado, pero no en un montón en completo desorden -lo que algunas veces sí ocurrió- sino en ordenadas hileras de bloques. Ello facilitó en cierta medida saber qué piedra formaba parte de cierta hilera, y qué hilera de un muro dado.

Yadin estaba determinado que la restauración fuera absolutamente fiel al original, y el trabajo fue realizado bajo su supervisión. Se realizó con tanto cuidado que aunque no cada piedra fue colocada en el lugar en donde estaba previamente, sí fue a parar al muro del que cayó.

Al limpiarse así el espacio entre los muros, las excavaciones podían comenzar. No se planteaba aquí el problema de la identificación de las ruinas, aunque a pesar de lo publicado por Wolcott, algunos exploradores posteriores del siglo XIX formularon la errónea opinión de que eran del palacio de Herodes. Sin embargo, los desafíos eran considerables. La expedición sería la primera en realizar una exhaustiva excavación. Ya que los depósitos habrían desempeñado un papel central en la vida de cualquier comunidad que hubiera ocupado la cima, los restos brindarían mucha información sobre la vida de los celotes. Fue con gran expectativa que Yadin seguía la labor de los voluntarios que sacaban las piedras y luego, al retirar cuidadosamente los escombros, se acercaban cada día más al nivel del piso original.

Luego de excavar a una profundidad de unos 90 cm., los arqueólogos encontraron un estrato de destrucción. Había un grueso nivel de cenizas, entre ellos pedazos de vigas consumidas por el fuego. Aquí estaban los resultados de la destrucción de los celotes. Habían prendido fuego a los edificios antes de suicidarse. Las vigas eran las que estaban en el

techo y se habían desplomado en la conflagración.

Asimismo dispersos entre las cenizas se encontraron pedazos de centenares de recipientes rotos. Yadin fue tan inteligente como para examinarlos detenidamente antes de ordenar que fueran sacados, lo que le permitió llegar a una interesante -y poco común- conclusión. En un lugar normal de excavación, una deducción razonable sería que todas las jarras colocadas en el piso se hubiesen roto al caer el techo sobre ellas. Pero aquí, una detallada inspección de la posición y el estado de los cascos, demostraba que esos recipientes habían sido deliberadamente rotos. Es evidente, dijo Yadin, que antes de incendiar los depósitos para que no fueran usados por los romanos, los celotes destrozaron sus vasijas.

Cuando se lavaron esos fragmentos -algunos tenían inscripciones en hebreo-, se los rotuló, como de costumbre, para saber en qué área del depósito habían sido encontrados, y fueron

Voluntarios y soldados excavando y restaurando antiguos depósitos.

confiados a las expertas manos de los restauradores de alfarería, los arqueólogos pudieron deducir el sistema de almacenaje usado por los celotes, los alimentos que habían guardado, algunas costumbres religiosas que tenían, y la fecha de los recipientes.

El aceite era guardado en grandes recipientes de forma especial; el vino, en jarros de otro tipo, mientras que las vasijas para el vino eran de diferente forma. En cada depósito se guardaba tan sólo una clase de alimento. Un local contenía únicamente jarras de vino, otro de aceite, y así sucesivamente. En ninguna estaban mezcladas las vasijas.

De su forma y fabricación, muchos de esos recipientes eran herodianos que luego fueron usados por los celotes, quienes los marcaron con inscripciones hebreas. Algunos llevaban nombres hebreos.

Tal vez la más importante inscripción consistía de una sola letra hebrea: la equivalente a la T, que se halló en varias jarras. Significaban trumá, o sea donativos del producto del campo, que en virtud de una antigua ley, eran contribuidos a los sacerdotes. En otro lugar de Masada se encontró una jarra con la inscripción Maaser Cohen, que implica "diezmo (o la décima parte) para el sacerdote". En tiempos antiguos, ningún judío observante hubiera aceptado comida que procediera de un lugar, en donde no se hubiese deducido y guardado la trumá y el maaser dedicados a los sacerdotes. Por lo tanto era posible pensar que los celotes eran igualmente devotos, judíos muy ortodoxos estrictamente fieles a sus normas religiosas incluso bajo las condiciones de sitio, cuando cada grano de harina era precioso, y aún viviendo bajo las presiones de la lucha.

En la entrada de uno de los depósitos, los arqueólogos encontraron montones de monedas dispersas en el piso. Cuando Yadin las miró, le pareció como si alguien las hubiera tirado al suelo. Su teoría es que cuando llegó el fin, el hombre a cargo de los depósitos había sacado las monedas menos preciosas en su poder y las habría arrojado. Ello, como es obvio, coincide con la firme evidencia de las vigas quemadas y las vasijas rotas y confirma que los celotes realizaron una deliberada destrucción antes de quitarse la vida.

¿Para qué fin se usaban las monedas? No como "dinero" en el sentido normal del vocablo, porque no había nada que comprar y vender en Masada, ni se realizaba transacción comercial alguna. Con toda seguridad fueron llevadas por los celotes cuando salieron de Jerusalén, y Yadin sugiere que probablemente eran algo así como fichas en el sistema de racionamiento de comida, sirviendo como una suerte de "cartillas de racionamiento". Ello también explicaría por qué se encontraron tantas en el área de los depósitos y cantidades similares en los edificios comunales de la cima. Las monedas halladas en los depósitos y las encontradas dispersas en el piso de otros edificios públicos, eran de bronce. De modo que tenían escaso valor real, y así es que no se intentó esconderlas de los romanos. Pero las

Shékels de plata de la primera revuelta judía contra los romanos.

monedas más preciosas de plata fueron ocultadas, y en una forma muy eficiente, ya que sólo se las encontró diecinueve siglos más tarde cuando la expedición de Yadin comenzó las excavaciones. Desde luego, hoy en día incluso las monedas de bronce son valiosas. Pertenecen a los años 67 y 68 A.C. No es que llevaran una tal fecha, simplemente estaban marcadas con el Año Dos y el Año Tres. Estos se refieren al segundo y tercer año de la revuelta judía contra los romanos, que se inició en 66 A.C. Las autoridades judías acuñaron monedas durante los cinco años de la guerra hasta la caída del Templo y de Jerusalén en 70 A.D., y llevan el año en que fueron emitidas, del Uno al Cinco.

¿Acaso las excavaciones en los depósitos brindaron alguna prueba sobre si los celotes habían dejado ex profeso comida sin tocar? Se recuerda que hacia el fin del discurso final de Eleazar Ben Yair, tal como lo escribe Josefo, exhortó a su pueblo, que antes de quitarse la vida, *"hagamos que las llamas devoren la fortaleza y nuestras posesiones; para que los romanos no nos lleven prisioneros ni encuentren ningún botín, e incluso lamenten la posesión del lugar. Sólo una cosa habremos de conservar: nuestro depósito de comestibles. Para que sea testimonio que si morimos no es que nos hemos visto obligados a ello por el hambre; sino porque, como lo decidimos en un principio, elegimos la muerte antes de someternos a la esclavitud".*

Como hemos visto, la expedición encontró que se había realizado una deliberada destrucción tanto de los depósitos como de los recipientes con alimentos. Pero también encontraron algunos depósitos en los que no había señales de incendio ni de destrucción alguna y ni una sola vasija. Ello sugiere que esos locales quedaron intactos con las provisiones allí almacenadas. Los romanos habrían comprendido su significado y también consumido los alimentos, y sacado las vasijas enteras. Yadin estima que, según escribe, "a fin de lograr su propósito, los celotes no tenían que dejar todas sus vituallas a los romanos. Les era suficiente que hubiere dos o tres locales con provisiones, para demostrar

que no habían perecido por falta de comida. Es posible que los depósitos que hemos desenterrado sean los mismos en los que los celotes habían dejado las provisiones, que luego se comió la guarnición romana".

Junto a los depósitos, al oeste, yacían las ruinas de un gran edificio herodiano casi cuadrado, con una serie de habitaciones dispuestas en torno a un patio central. Las excavaciones recientes indican que servía como el centro administrativo de Masada. Pero sólo hacia el final de las excavaciones, se encontraron las ruinas de una estructura sumamente interesante debajo de los escombros del patio central: un baño ritual.

Cuando se sacaron los escombros de los depósitos y el edificio de administración, y se realizaban las obras de restauración, Yadin contempló el lugar y se dijo a sí mismo -y luego a sus allegados- que debía haber un portal o una entrada a este sector de Masada. Al fin y al cabo, era probablemente el área más importante de la cumbre, en donde estaban el palacio-villa del rey, los depósitos y las armerías. Josefo había escrito que Herodes había almacenado en Masada no sólo comida sino armas también. Sin embargo, éstas habían sido tomadas por el comandante judío que había capturado Masada al comienzo de la revuelta judía. Cualesquiera fuesen las armas usadas por los celotes -arcos y flechas en su mayor parte, algunos de ellos encontrados en otras partes de la cumbre-, no hubieran sido abandonadas en el arsenal durante el sitio, sino distribuidas en los diversos puestos de defensa. De cualquier modo, la reciente expedición no encontró ninguna en los depósitos.

La entrada a esta parte, pensó Yadin, debería estar seguramente controlada. Cuando contempló cómo se edificaban los muros restaurados, consideró que ya sabía donde tenía que estar esa entrada. Ya que con los muros construidos ya no era posible llegar a los depósitos como se hizo antes: simplemente andando a través de los escombros. Ahora resultaba evidente que el único acceso estaba junto al rincón noroeste del edificio de administración.

Cuando llegó a esa conclusión, la "entrada" era un montículo de escombros y piedras, así es que ordenó a sus hombres comenzar a limpiar y excavar. Y, efectivamente, encontraron un hermoso portal herodiano con un banco de piedra en forma de L y partes de los muros adyacentes. Como escribe Yadin: "Un solo vigilante apostado aquí sería capaz de revisar a todos los que entraran y salieran de este importante conjunto de depósitos".

Los Baños de Estilo Romano

Había otra ruina en la zona de los depósitos, que aunque evidentemente no era un almacén, había interesado a los exploradores de la región. Se trataba de los restos de una estructura más o menos cuadrada, que se encontraba en el espacio del rincón noroeste de los depósitos, pero inclinada en un pequeño ángulo.

Algunos exploradores previos habían expresado la opinión de que algo tenía que ver con los depósitos. Pero estaban equivocados. Lo que les había inducido en el error no era solamente la posición de la ruina, sino la forma de la parte reconocible. Visible entre los montones de escombros había los restos de una gran habitación, casi cuadrada, que

Dos vistas de la cámara caliente (caldarium) de los baños de estilo romano.

Izq.: *Su piso original, del que sólo queda un fragmento (en primer plano en el centro), descansaba sobre más de 200 de estos pequeños pilares. El espacio debajo del suelo, en donde estaban los pilares, formaba el hipocausto o la cámara calentadora. El nicho atrás contiene los restos de la bañera original.*

tenía más de nueve metros de longitud, y que para un aposento ordinario, paredes muy gruesas de casi dos metros. Su conclusión era comprensible. No cabe duda que se trataba de una torre de vigilancia o de defensa para guardar los depósitos y el acceso al palacio-villa. Otros expertos estimaban que habría sido un edificio administrativo relacionado con esos almacenes.

La expedición de Yadin no esperaba sorpresa alguna cuando comenzó a retirar las enormes pilas de escombros, pero muy pronto, cuando esa gran habitación quedó parcialmente limpia, se pudieron examinar las paredes interiores, lo que se hizo con particular atención. Los arqueólogos quedaron atónitos al encontrar en la argamasa impresiones de tubos de arcilla. Cuando siguieron excavando hallaron las propias tuberías que estaban aún en su posición original, casi al fondo de una de las paredes. En los escombros se encontraron más partes de las tuberías.

Resultaba evidente que esas tuberías pertenecían a un edificio que nada tenía que ver con torres de administración o depósitos. No cabía duda, se trataba de una casa de baños típica y clásicamente romana. La idea de que se hubiera construido una tal dependencia en un lugar tan remoto y poco apropiado como en las alturas del monte de Masada en pleno desierto, correspondía al concepto global de Herodes de erigir una suntuosa ciudadela real.

Entonces los arqueólogos siguieron excavando con mayor entusiasmo, ansiosos de ver si se habían conservado algunas de las características propias de una cámara caliente romana. Y las encontraron. Después de llegar al nivel del piso, miraron lo que había debajo. Efectivamente, encontraron otro suelo, y en el espacio entre ambos había numerosos pilares pequeños, muy juntos, -casi doscientos en total- Habían sido hechos con ladrillos redondos de arcilla y estaban muy bien conservados. Esos pequeños pilares son muy comunes en la parte baja de la cámara caliente de un baño romano, y servían como soporte del piso

superior.

No podía haber duda alguna en cuanto a la identidad de esa habitación. De ello se infería que las cámaras adyacentes, aún no excavadas, serían con toda probabilidad las usuales de un baño romano: la cámara fría, la tibia o caliente y la del vestuario. También había un patio. Este ya era conocido, aunque no se sabía para qué hubiera servido. Fue notado por la expedición de 1955-56. Ocupaba la mitad septentrional del edificio y era más o menos de forma rectangular. Tenía 18 metros de largo por 8 metros de ancho. La mitad sur, dijeron los hombres de la expedición, consistía de cuatro habitaciones, pero en vista del tiempo limitado, no fueron capaces de indicar cuál era su carácter.

Yadin había encontrado ahora la respuesta. La cámara caliente era la mayor de las cuatro, midiendo 10,8 por 9,9 metros. Ahora podía anticipar a los excavadores lo que encontrarían al seguir excavando las otras tres.

Los baños romanos tenían la siguiente disposición: El bañista entraba por el apoditerium, el vestuario, en donde dejaba su ropa. En los grandes baños públicos, iría luego al unctorium, la cámara en donde sería untado con aceite, y de allí al patio u otra habitación en donde realizaba ejercicios. Seguidamente pasaría al caldarium, la cámara caliente, luego al sudatorium, el baño de vapor. En los baños pequeños, como en Masada, no había un unctorium separado, de modo que después de desnudarse el bañista iría a la cámara caliente. Tampoco había un sudatorium separado, y frecuentemente el caldarium y el sudatorium formaban una sola cámara.

De la cámara caliente se iba al tepidarium, la cámara tibia o templada, que por lo general era un suntuoso aposento, para ir enfriándose. De allí pasaba al frigidarium, la cámara fría, que usualmente consistía de una piscina de agua fresca.

El espacio abierto debajo del pavimento que permitía el paso del aire caliente y, por consiguiente, caldeaba la habitación, era llamado hipocausto. En Masada, era el lugar donde se encontraron los numerosos pilares pequeños. En tiempos antiguos, los romanos usaban el hipocausto no sólo en sus baños sino también para calentar habitaciones en casas privadas, en especial en las frías provincias del norte.* En un extremo de la cámara caliente, generalmente en un ábside, un nicho semicircular, estaba el labrum, la bañera fría. En la parte opuesta, se hallaba el alveus, la bañera caliente.

Esta era, por lo tanto, la disposición usual de un baño romano.

En Masada, la expedición encontró que en la cámara caldeada no había quedado mucho del piso alto, pero la parte conservada ostentaba losas en blanco y negro, formando un diseño geométrico. Yadin notó que aquí, como en el palacio-villa, habían dos etapas de construcción, y que en una fase anterior, el pavimento superior había sido decorado con mosaico. El piso posterior fue cubierto con losas blancas y negras. Lo mismo ocurría en otras habitaciones de la casa de baños.

Además de esa parte de pavimento que había quedado, los principales hallazgos desenterrados fueron fila tras fila de diminutos pilares, sobre los que había descansado el piso superior. El suelo inferior sobre el que estaban -tan derecho como el día en que fue instalado- fue encontrado intacto. En las paredes aparecían claramente visibles las impresiones de las tuberías de arcilla, y también se halló parte de las propias cañerías, que todavían estaban en un rincón del muro.

En la parte norte de esta cámara caliente se hallaba el ábside, y allí se encontraron piezas de cuarzo que, evidentemente, formaban parte de la bañera fría. En el muro opuesto había un nicho rectangular en el que habían restos de la bañera de agua caliente.

Y éste era el modo como funcionaba la cámara caldeada. Desde una estufa exterior el aire caliente pasaba al espacio entre los dos pavimentos. De allí subía a través de las cañerías de arcilla de esa habitación casi sin ventilación, penetrando en ella tanto por aperturas al extremo de los tuberías como por

Esquina noroeste del apoditerium con un lavabo construido por los celotes.

agujeros perforados en sus costados. Para convertir el caldarium en un sudatorium, se salpicaba agua sobre el piso caliente para producir vapor. El agua caliente para la bañera de cuarzo llegaba de fuera a través de un tubo de cobre, y los excavadores encontraron partes de la misma.

Sobre esta cámara caliente, su disposición y detalles técnicos escribió Yadin: *"No sólo es idéntica a los de otras casas de baño (menos conservadas) del período herodiano encontradas en Jericó y Herodion, sino que es casi exactamente como los esbeltos baños de Pompeya y Herculano".*

De la cámara caldeada se llegaba a la tibia que, aunque mucho menor -su tamaño era un tercio, aproximadamente de aquélla- estaba elegantemente adornada. Tenía frescos, por ejemplo, que eran similares a los murales encontrados en el palacio-villa. Su piso, como el de la cámara caliente, estaba cubierto de losas negras y blancas, aunque de menor tamaño. No se encontró ninguna de ellas, aunque sus impresiones se veían claramente en el cemento al que estaban adheridas. Entre los escombros se hallaron varios trozos rotos. En cuanto al resto, Yadin estima que esas losas tan caras habrían sido llevadas por los soldados romanos cuando se fueron.

La siguiente habitación, a la que se llegaba por la cámara tibia, era la menor de todas, casi la mitad del tamaño del tepidarium. Se trataba del frigidarium. No había nada especial en esta habitación fría, porque los antiguos bañistas pasaban poco tiempo en ella: sencillamente entraban y salían del agua fría. Consistía de una piscina minúscula, con escalones a un costado que iban de arriba a abajo. Tanto la piscina como los escalones estaban bien conservados, y revestidos con el mismo material a prueba del agua usado en las cisternas excavadas en la roca. A lo largo de las cámaras tibia y fría, y del mismo tamaño que las dos juntas, se hallaba el vestuario, el apodyterium. De sus restos resulta evidente que había sido elegamente decorado como la habitación tibia, y por la misma razón: se permanecía mucho tiempo en ella. El piso también estaba formado por losas en blanco y negro, y en las paredes había frescos.

Se encontró evidencia que originalmente el techo también había sido decorado. En los escombros, se hallaron trozos de argamasa pintada, desprendidos del techo desmoronado, lo que indicaba la posibilidad de que los techos de otros aposentos también estuviesen adornados del mismo modo. Estas pinturas

eran artísticamente superiores a las del palacio-villa y de diseño diferente, conformando modelos geométricos y florales.

En un rincón de esta habitación los arqueólogos encontraron un pequeño estanque que evidentemente había sido agregado posteriormente. De una parte, no "correspondía" al clásico vestuario. Por la otra, había sido construido sobre las losas originales del piso, y sus paredes cubrían parte de los frescos. Las excavaciones realizadas en otra parte de la cámara desenterraron un banco que también cubría parte del piso y las paredes, y el propio banco estaba formado por materiales tomados de las columnas herodianas. Estas alteraciones y adiciones eran obra en parte de los celotes, y en parte de la guarnición romana que vino luego.

Excavaciones realizadas en el amplio patio, demostraron que originalmente había estado parcialmente cubierto con columnas sobre las que descansaba el techo, y un dintel decorado entre ellas. Algunas de esas columnas todavía estaban en pie. También se hallaron partes del dintel, algunas entre los escombros y otras, en posiciones, como lo escribió Yadin en las que *"habían sido usadas por los celotes o las tropas romanas para reparar la estufa de los baños".* Y agrega: *"Este es un excelente ejemplo de lo que ha ocurrido frecuentemente en muchas épocas: los adornos arquitecturales de un período han sido usados más tarde como materiales de construcción normales, sin relación alguna con su característica decorativa".*

La limpieza del patio también reveló partes del piso de mosaico. Los materiales usados y el diseño eran exactamente los mismos que en los mosaicos de la terraza superior del palacio-villa: una figura de panel en negro y blanco. Yadin atribuye suma importancia a todo ello para reconstruir la historia de los edificios de Herodes. Porque considerados junto con los frescos encontrados en las dos habitaciones demostraban, escribió, *"que la casa de baños y por lo menos la terraza superior fueron edificados durante la misma fase de* construcción" y que las obras de arte, los mosaicos y las pinturas fueron obra de los mismos artistas.

Hemos mencionado al comienzo de este capítulo que todo el edificio estaba ubicado en un leve ángulo con respecto a los depósitos. Esto parecía un tanto raro en un principio; pero cuando en el curso de las excavaciones fue posible trazar planos arquitectónicos completos, se evidenció inmediatamente que la casa de baños estaba perfectamente alineada con la terraza superior. *"No cabe duda - afirma Yadin- que formaba parte del conjunto de esbeltos edificios que Herodes había construido para sí mismo y su familia, así como para su guarnición".*

Sobre el propio edificio escribió más tarde: *"Lo que habíamos excavado demostró ser uno de los más hermosos y completos ejemplos de una casa de baños romana, entre las más antiguas descubiertas en el país y toda la región".*

Habitación común en el edificio residencial.

El Palacio de Trabajo

El gran edificio a media distancia a lo largo del borde occidental de la cumbre era el que el arqueólogo Schulten había considerado ser el palacio de Herodes tal como es descrito por Josefo. Pero se había equivocado y ello era comprensible, porque había realizado tan sólo una breve inspección, aunque es sorprendente la abundante información que logró reunir en esas contadas horas. La expedición de 1955-56 estuvo unos días allí, muy pocos para realizar una amplia excavación pero suficientes para determinar que había sido "un" y no "el" palacio herodiano, y encontrar otros errores cometidos por sus predecesores.

Uno de ellos fue el "descubrimiento" de Schulten en una de las alas, de un banco alzado que corría a lo largo de la pared, dentro de una habitación que se abría a un patio. En base a ello, sugirió una teoría sobre la

arquitectura y la función de esa parte del edificio. La expedición de 1955-56 decidió ponerla a prueba realizando una excavación en ese lugar particular. El "banco" demostró ser tan sólo -como lo indica su informe- "¡una mayor acumulación de escombros totalmente casual a lo largo de la pared!"

Sea dicho en honor de la verdad, Schulten también hubiera descubierto que su primera teoría era errónea si hubiese tenido el tiempo de excavar. Pero es una divertida advertencia a los arqueólogos -y a cualquier erudito también- para no formular opiniones prematuras antes de realizar un exhaustivo estudio. Confundiendo escombros con una estructura me recuerda a un cínico amigo que una vez encargó a un arqueólogo del Cercano Oriente que tratase de "descifrar" una señal ondulada grabada en una tablilla, porque pensaba que se trataba de una frase en una vieja lengua, que de hecho no era otra cosa que ...una grieta en la piedra.

Schulten formuló una conjetura sobre otra ala del edificio, que consistía de una serie de habitaciones alrededor de un patio central:

¡pensó que se trataba de un harem! Pero en el informe de la expedición de 1955-56 se formula una observación más sobria: "Es dudoso si Herodes fuera compañado en sus probablemente raras visitas a Masada por tan numerosa compañía femenina que requiriese tantas habitaciones. Pero los hallazgos de Yadin indican de Schulten estaba más cerca de la verdad.

Incidentalmente, la expedición de 1955-56 pensó que habría sido usado como un cuartel. Yadin encontró -aunque nos estamos anticipando- que era el ala de las dependencias de servicio del palacio.

Cuando la expedición de Yadin inició las excavaciones, conocía el plano general de este enorme edificio, ya sea tanto de los breves informes de los estudios previamente realizados, y en base a lo que se podía ver de las propias ruinas. Era evidente que consistía de tres alas principales: una occidental rectangular, que iba de norte a sur y próxima a la

Un mosaico bien conservado en el palacio occidental.

muralla acasamatada; un ala oriental rectangular, paralela a la anterior, y un ala meridional, casi cuadrada, adjunta y alineada con la parte sur del ala occidental, que cortaba la parte sur del rectángulo oriental.

Las excavaciones fueron allí particularmente difíciles. Había montículos de escombros y grandes piedras amontonadas, demasiado pesadas para ser sacadas manualmente. Eventualmente, se tuvieron que traer grúas para retirarlas. Yadin asignó un gran número de voluntarios a esa área, un promedio de sesenta de cada grupo quincenal, que trabajaron allí durante las dos temporadas de la expedición.

La sala del trono fue encontrada en el ala sur, la que era casi cuadrada. Toda esa ala consistía de habitaciones dispuestas alrededor de un cuadrángulo, y de su forma, sus instalaciones, sus decoraciones y los objetos en ellas hallados, era evidente que se trataba de la principal ala residencial del palacio.

La sala del trono era diferente del resto: una cámara aparte en el rincón sudoeste. Tenía tres entradas; el acceso a ella desde la corte era a través de una sala, y a la entrada de ésta había dos pilares pintados. Pero la prueba concluyente de que era realmente la sala del trono fueron cuatro hoyos rectangulares en el piso cubiertos, como el propio pavimento, con argamasa, y evidentemente creados para sostener los pies del trono o los palos del dosel.

Durante la excavación, y a medida que los voluntarios se aproximaban al nivel del suelo, encontraron una gruesa capa de cenizas, causadas por el incendio provocado por los celotes. Entre ellas, se hallaron fragmentos rotos de hermosas vasijas de bronce y hueso. Sin embargo, lo que evidentemente había sido el aposento más lujosamente adornado del palacio era la antecámara de la sala del trono. Allí se desenterraron los más bellos mosaicos de Masada.

Al descubrimiento precedieron semanas de una minuciosa labor de los voluntarios para sacar los escombros. A medida que se aproximaban al piso, comenzaron a encontrar cubos colorados dispersos aquí y allá. Ello implicaba dos cosas: una, que el suelo había estado decorado con mosaico de color, un mosaico que se encontraba por primera vez en Masada. La segunda, que había sido objeto de cierta destrucción, porque de lo contrario los cubos no estarían fuera de su lugar. Y si quedaba algo conservado, ello se sabría únicamente cuando se llegase al nivel del piso. Mientras que adelantaba la tarea, Yadin rara vez abandonaba el lugar. Eventualmente, se pudo ver el pavimento. Allí, luego que las escobillas limpiaron el sitio, estaba la recompensa. La destrucción había afectado un poco más de la mitad del suelo. Lo que quedaba estaba en excelente estado, adornado con uno de los pisos de mosaico de color más antiguos descubiertos en el país, y el más hermoso de ese período. Sus varios bordes eran de diseño geométrico, pero la decoración

central presentaba motivos de la flora, tan frecuentemente encontrados en el arte judío, como ramas de olivo, granadas y las hojas de higuera y parra, ejecutados con particular maestría.

Incidentalmente este mosaico no fue dañado cuando los celotes prendieron fuego al edificio. Yadin afirma que esa destrucción parcial fue mucho más posterior, y sería la obra de personas que buscaban tesoros presuntamente escondidos debajo del pavimento.

Lo que hemos llamado el ala este, que estaba adyacente a la parte norte del ala residencial, tenía un diseño arquitectónico similar; es decir, una serie de habitaciones alrededor de un patio central. Sin embargo, se trataba de cuartos menores con diferentes instalaciones, y resultaba evidente que allí estaban las dependencias de servicios del palacio. Ambas formaban una estructura de extraordinario lujo. La cocina tan sólo podía servir un banquete para numerosos invitados. Se encontraron grandes hornillos del período herodiano, en cada uno de los cuales se podían colocar doce ollas.

Entre las cámaras del servicio privado los arqueólogos hallaron una pequeña casa de baño, completa con un piscina de agua fría y una habitación para tomarse un baño caliente. El piso de esa cámara estaba cubierto de mosaico, y ¡también el del corredor por el cual se llegaba a ella! El mosaico era de color y en su mayor parte estaba bien conservado, pero no es tan hermoso como el encontrado en la antecámara de la sala de trono.

La parte que no estaba bien conservada era donde se habían realizado algunas toscas construcciones en un período posterior. Esos eran los restos de lo que había sido una cocina o un lavabo que había sido agregado por los celotes. Esto, escribe Yadin, es *"una de las características que señalan, una vez más, el marcado contraste entre la Masada de Herodes y la Masada de los celotes sitiados durante la revuelta"*. Estos últimos habían construido esas dependencias para sus necesidades propias, sin pensar en el daño que causaban a esos adornos.

Al ver esos hallazgos en el lugar tal como

fueron encontrados, los restos de Herodes junto con los de los celotes, imparte una sensación de realidad al carácter de ambos y evidencia el espíritu totalmente diferente que los animaba.

En la tercera ala, al oeste, estaban los depósitos privados del palacio, con las dependencias administrativas en la sección norte. Esos almacenes, construidos en el largo y angosto diseño de los depósitos centrales, aunque en diferentes dimensiones, suministraban los abastos requeridos por el palacio. En la época de Herodes también contenían elementos que no había en aquéllos, porque entre los escombros los arqueólogos encontraron fragmentos de numerosos frascos pequeños con aceites cosméticos.

Yadin estima que durante la época de los celotes, este palacio fue usado como una oficina administrativa y en los depósitos privados habían alimentos especialmente preservados que eran nutritivos, concentrados, fáciles de racionar y de consumir. Fueron los propios descubrimientos que dieron lugar a esa conclusión. Una gruesa capa de cenizas cubría el pavimento del depósito mayor -los celotes habían prendido fuego al edificio- y entre las cenizas habían centenares de jarras rotas. En muchas de ellas había inscripciones en hebreo como "higos prensados" e "higos secos". Este habría sido un alimento ideal para distribuir y consumir durante el sitio.

Este era el palacio oficial, el palacio "de trabajo" de Herodes, espacioso, suntuoso, decorado con magnificencia e independiente. También poseía su propia pequeña cisterna que, en contraste con las demás de Masada, se llenaba con el agua de la lluvia captada en los techos y los patios y canalizada hacia ella. En este palacio Herodes cumplía sus tareas de gobierno siempre y cuando visitara Masada, y tenía su residencia oficial. Cuando deseaba descansar se iba a su palacio-villa, su residencia de recreo, situada a unos centenares de metros tan sólo. Y ambos ofrecían todas las

El columbario con los nichos superpuestos en los que se colocaban las urnas funerarias.

comodidades propias de la vida real.

Cerca de allí se encontraron cinco edificios más pequeños, al sur y sudeste del palacio grande. Todos fueron construidos en el mismo tiempo que el palacio, y ostentaban el mismo diseño arquitectónico que el ala residencial; es decir, habitaciones dispuestas alrededor de un rectángulo. En uno de ellos se encontraron murales, idénticos a los del palacio-villa. Yadin cree que eran pequeños palacios, construidos por Herodes para sus familiares.

Las excavaciones demostraron que durante el período de los celotes habían albergado a numerosas familias. Ello era evidente de las paredes y particiones agregadas, para que cada familia pudiera gozar de algunos metros cuadrados de privacidad.

Uno de los lugares marcados a ser excavados

Dos vistas de la piscina de baño público al sudeste del palacio de trabajo. Los amplios escalones conservan la argamasa original. Los nichos en el muro exterior pueden haber sido usados por los bañistas para colocar su ropa.
Arriba: *La línea negra ondulante en el muro más próximo marca la sección restaurada de la parte original del muro, tal como fue encontrada por los arqueólogos.*

antes de iniciarse esas tareas, era una ruina con una gran pila de escombros precisamente al sudeste del gran palacio. Ningún explorador previo había sabido lo que era, del mismo modo como nadie había conocido previamente la existencia de la casa de baños al estilo romano. Nada en su aspecto ofrecía una idea. De modo que lo único que se podía hacer era sacar las piedras y comenzar a excavar.

Se comenzó a trabajar con ahínco. Pronto se llegó a los muros externos, pero la amplia área del centro estaba vacía, y no había ninguna de las paredes que se espera encontrar en un edificio normal. Eventualmente, comprendieron la razón de ello. Lo que habían excavado era una enorme piscina o baño público, rodeado de esbeltos muros de piedra, con una serie de amplios y cuidados escalones en uno de sus extremos. Algunos espacios vacíos en los muros intrigaron a los excavadores, hasta que Yadin expuso la ingeniosa teoría que serían usados por los bañistas para dejar su ropa. Restos dejados por los celotes, inclusive monedas, indican que también ellos usaron la piscina.

Los arqueólogos se divirtieron con la próxima ruina en esa área, más al sur. Entre los escombros había parte de muros desplomados, y éstos estaban marcados por hileras de pequeñas celdas o nichos. Yadin y sus colegas los examinaron antes de iniciar las excavaciones, como habían hecho otros exploradores previos, pero sin excavar no podían llegar a una decisión dada. Las opiniones estaban divididas. Algunos expertos afirmaban que el edificio original había sido un palomar, y que los palomos habrían tenido alguna función en un rito religioso o eran criados por sus excrementos que serían usados como abono. Otros afirmaban que se trataba de un columbario, un edificio con hileras de nichos en los que se colocaban las urnas cinerarias.

Yadin reveló lo que pensaba al ordenar que se comenzara a excavar, aunque tenía sus dudas sobre la teoría del palomar. De un lado, la inspección de las partes rotas del muro demostraban que formaba parte de un hermoso edificio, demasiado esbelto para que fuera usado por los pájaros. Del otro, le parecía que los nichos eran demasiado pequeños para palomos o palomas.

Lo que se descubrió fue un edificio redondo con un muro a través de su diámetro, que tenía una apertura en medio. Los nichos estaban alineados en hileras rectas dentro del muro circular y a ambos lados del muro divisor. Había sido construido en el período herodiano, pero se encontró evidencia que fue usado tanto en la época de los celotes y varios siglos más tarde durante el período bizantino. Efectivamente, esos monjes habían construido un nuevo piso sobre el nivel del pavimento original y sus restos fueron encontrados en su estrato.

Yadin, tan práctico como siempre, decidió realizar un simple test para poner a prueba la teoría de los pájaros. El capataz de los albañiles eran un colombófilo, y le pidió que trajera una paloma cuando regresara de su fin de semana en casa. La trajo, y en ese domingo por la mañana los excavadores fueron con toda solemnidad al edificio circular mirando mientras que el hombre trataba de introducir su ave en uno de los nichos. No era un pájaro grande, sino más bien pequeño. Pero por mucho que lo intentó, no consiguió meterlo dentro. Los nichos eran demasiado pequeños. Yadin sostenía la teoría que el edificio era un columbario. Pero como los judíos ortodoxos no acostumbran practicar la cremación, piensa que Herodes lo había construido para colocar los restos de sus criados y miembros de su corte que no eran judíos.

El Hallazgo en el Edificio Cuadrado

La restante ruina herodiana en la cumbre, aparte de la muralla del perímetro, era un gran edificio cuadrado al sur de los depósitos centrales. Su configuración, de por sí, sugería que había sido un imponente edificio en tiempos antiguos. Como otros edificios de Masada, disponía de un patio central rectangular, pero en contraste con aquéllos, sólo en uno de sus lados contaba con una hilera de habitaciones alrededor del patio; en los demás, habían dos habitaciones contiguas. Incluso en un costado se encontraron tres piezas, pero Yadin notó que la tercera hilera no era herodiana; había sido agregada por los celotes. También eran poco comunes las construcciones en el propio patio. Los primeros exploradores pensaron que habrían sido erigidos por los soldados romanos que ocuparon Masada después de la muerte de Herodes, porque resultaba evidente que habían sido construidas luego del edificio central. Pero la presente expedición pudo poner en claro que habían sido erigidas mucho después de Herodes, de hecho ¡quinientos años más tarde! Eran bizantinas.

El explorador Schulten, con tan sólo mirar las ruinas de este edificio cuadrado, había pensado que se trataba de un "pequeño palacio". Eruditos posteriores creyeron que había sido construido por Herodes para alojar a la guardia real; y ya que las habitaciones junto al patio eran grandes y las posteriores pequeñas, se podía llegar a la conclusión de que las mayores eran para los oficiales y las pequeñas para sus hombres.

Yadin estima que podría ser así. Sin embargo, encontró que cada habitación grande tenía acceso a dos pequeñas, y que las tres formaban una sola unidad de vivienda. De modo que todo el edificio consistía de una serie de apartamentos idénticos de tres piezas. Podía haber alojado a una guarnición. Yadin estima más posible que sería la residencia de sus principales administradores o miembros de su

Shékels de plata de la primera revuelta judía contra los romanos.

corte. Como no está seguro, lo ha llamado "El Edificio de Apartamentos o de la Guarnición". Aunque la revelación de incluso el más ínfimo detalle de alguna estructura antigua es de particular interés para el arqueólogo profesional, no fue precisamente el descubrimiento de este edificio cuadrado el más impactante de la expedición. Lo que realmente los impresionó fue un hallazgo relacionado con los celotes.

Entre los escombros de esas viviendas se hallaron algunos restos de hermosas vasijas de alabastro, lo que sugería que durante la revuelta judía se habrían alojado en este edificio algunos dirigentes celotes y sus familias. Pero el hallazgo más sensacional fue encontrado debajo del piso de una gran habitación, en una de las viviendas. Trabajando cuidadosamente a través del nivel del pavimento original, los afortunados voluntarios quedaron atónitos al encontrar un montón de monedas.

Yadin escribe que *"al darse cuenta de un movimiento poco normal"* en esa área, no esperó a que se le llamara sino que acudió con rapidez y cuando llegó encontró a los voluntarios *"todavía fascinados"* por lo que habían encontrado. Yadin también contempló las monedas *"y en base al color de las manchas de orín que había en ellas, resultaba claro que se trataba de monedas de plata. En parte del montón habían trozos de tela -dice el relato de Yadin- y era evidente que las monedas, colocadas originalmente en un bolsa especial, habían sido escondidas debajo del piso"*.

La excitación no dejó de cundir luego de ser sacadas con el más tierno y diligente cuidado, y cuidadosamente limpiadas... en el laboratorio de la expedición, no en los lavaderos. Entonces se evidenció que eran un verdadero tesoro arqueológico: treinta y ocho shékels y medio shékels de plata, en perfecto estado, acuñadas durante los años de la revuelta. Algunas, las más raras, en el año cuatro, y las demás en los años dos y tres. Los shékels tenían al anverso la forma de un cáliz o copa y a su alrededor la inscripción en hebreo arcaico "Shékel de Israel"; al reverso una rama con tres flores y la inscripción "Jerusalén la Santa". Los medios shékels tenían el mismo emblema en una cara, pero en la otra se leían las palabras "Medio Shékel". Todas estaban marcadas con el año en que habían sido acuñadas.

Unas semanas más tarde, la expedición encontró otro tesoro escondido aunque más pequeño: seis shékels y otros tantos medio shékels, en una caja de bronce. Fueron halladas en una capa de cenizas y también habían sido ocultadas por los celotes.

Antes, en una habitación de la muralla se hallaron diecisiete shékeles de plata, de todos los años de la revuelta. Entre ellas habían tres que fueron acuñadas en el año cinco. Las monedas de ese año son las más raras, y hasta ahora se sabe que se han encontrado tan sólo seis en todo el mundo.

Esta fue la primera vez en la historia de una excavación arqueológica que se hallaron shékels; también la primera que se encontraron tantos en un solo lugar, y la única vez que estaban en un estrato que podía ser datado sin lugar a dudas al período de la Guerra Judía contra los romanos. Ello brindaba una prueba conclusiva de que shékels con esas inscripciones pertenecían a ese período. Ya que estaban marcadas simplemente "Año Uno" o "Año Dos", algunos eruditos habían puesto en tela de juicio la creencia general de que hubiesen sido acuñadas durante la revuelta. Este hallazgo puso término a ese argumento.

5. LOS RESTOS DE LOS CELOTES

La Muralla

Se habían encontrado importantes restos de los celotes en otros edificios herodianos, pero fueron los abundantes hallazgos en la muralla acasamatada que nos permiten hoy revivir la vida y el espíritu que cundía en su época en Masada. Ahora sabemos exactamente dónde vivieron, cómo estaban organizados, cómo lucharon contra sus enemigos, qué munición usaron, cómo practicaban su rito ortodoxo, e incluso lo que hicieron pocos minutos antes de su trágico fin.

Fue en la casamata de la muralla que la expedición encontró no sólo aquellos pequeños objetos que permiten al entendido esbozar el modo como se vivía en tiempos antiguos, tales como fragmentos y vasijas completas, hornillos o fogones para cocinar, monedas, objetos de diversa índole, trozos de cuero y ropa, sino también ruinas de edificios celotes. De estos últimos, el hallazgo más importante fue el de la sinagoga -que es la más antigua existente- y un baño ritual judío, que también es el más antiguo que se conoce. En el muro también se encontró lo que cualquier arqueólogo tanto anhela hallar: escritos del período. Se descubrieron antiguos rollos hebreos, algunos de los escritos sagrados que los celotes siempre llevaban consigo, y habrían ocultado antes de quitarse la vida.

Josefo escribió que Herodes había fortificado la cumbre de Masada con una muralla circundante, y que sobre ésta había erigido treinta y ocho torres. Citó su altura y otras medidas que demostraron ser, en general, notablemente acertadas.

Poco podría haber contemplado el visitante que recorriera casualmente Masada antes de las excavaciones de Yadin. Hubiera visto una cresta de escombros alrededor del perímetro. Pero de recientes fotografías aéreas y breves estudios del terreno, los expertos podían detectar evidentes señales de la muralla acasamatada. Esta clase de muralla era común en los tiempos de Herodes, y las habitaciones que contenían era usadas como depósitos o albergue de la guardia. La expedición de Yadin fue la primera en examinarla, y al concluir la segunda temporada los excavadores habían desenterrado totalmente todo el kilómetro y pico de muralla y anotado sus más dramáticos hallazgos.

Encontraron que los muros externo y externo de la casamata habían sido construidos con piedras extraídas en Masada, que había un espacio de cuatro metros entre ellos (Josefo dijo que eran de ocho codos, lo que sería 3,5

metros), y que originalmente habían 110 habitaciones o cámaras dentro de la muralla y las torres todas, naturalmente, del mismo ancho -4 m.- pero de un largo variable.

Al verse la muralla después de haber sido excavada resulta difícil concebir cuán ardua resultó la tarea de limpiarla. Ninguna sección había quedado intacta. Todo se había desmoronado; algunas piedras cayeron al vacío y otras, hacia dentro. Además, la ubicación de las ruinas, en el mismo borde de las laderas casi cortadas a pico, hizo que las tareas de excavación y restauración fuesen no poco peligrosas. Todo el mundo debía tener mucho cuidado, y el trabajo se realizaba aquí a un ritmo más lento que en cualquier otro lugar. Pero el peligro era un aliciente, y cuando los hallazgos comenzaron a aparecer entre los escombros, la muralla acasamatada se convirtió para los voluntarios en un lugar preferente para trabajar.

Las excavaciones demostraron que la muralla había sido la "residencia" principal de los celotes, que se habían alojado en sus habitaciones. Los 110 cuartos adicionales habían sido multiplicados por la adición de paredes que dividieron las grandes cámaras en pequeñas piezas en las que vivían una o más familias. También se descubrió que los celotes habían agregado elementos domésticos como armarios o roperos, hornillos y fogones de barro. El contraste entre esas diminutas habitaciones, algunas no mayores que simples cubículos, con sus adiciones primitivamente construidas, y el lujo del palacio-villa y de la casa de baños, acentuó en forma muy destacada la diferencia entre el modo en que vivieron los celotes y Herodes y su corte.

Cuando los excavadores llegaron al nivel del piso, encontraron cascos de numerosas vasijas: jarros, jarras, palanganas, escudillas, tazas, ollas para cocinar, lámparas de aceite (algunas de piedra blanca); literalmente centenares de monedas de bronce del período de la revuelta judía, tiradas en su mayor parte por el suelo;

Vista de pájaro de la sinagoga construida en el muro occidental.

y trozos de tela de lana, de esmerada hechura, que constituían, según las propias palabras de Yadin, "la más antigua y completa colección de material textil del período romano encontrado hasta ahora".

Pero el hallazgo más emocionante en muchas habitaciones, era algo que recordaba a los excavadores del siglo veinte el dramatismo y el modo como obraron los celotes durante esa última y trágica noche: una pequeña pila de cenizas en un rincón de la vivienda, con los restos de las posesiones personales de la familia. Antes de darse muerte no prendieron fuego a sus habitaciones en la muralla acasamatada, como habían hecho con otros edificios en la cumbre. Sus viviendas habían sido demasiado humildes para que fueran de algún valor a los conquistadores romanos.

Lo que hicieron, sin embargo, tal vez como un acto simbólico más bien que privar algo de valor al enemigo, fue reunir sus efectos personales y quemarlos. Los sentimientos de los israelíes a cargo de la expedición al descubrir los restos de sus antepasados, puedan tal vez reflejarse en estas palabras de Yadin:

Había habitaciones que al ser excavadas a primera vista no aparentaban haber sido incendiadas, pero encontrábamos en un rincón un montón de rescoldos apagados que eran los restos de ropa, sandalias, utensilios domésticos y cosméticos, los que relataban la patética y conmovedora historia de cómo, tal vez unos minutos antes del final, cada familia había reunido sus pobres posesiones para quemarlas. También es así como lo describe Josefo. Estos pequeños rescoldos fueron tal vez una de las cosas que más nos emocionaron durante las excavaciones.

Se encontraron hallazgos similares en barracas primitivas que los celotes habían construido apresuradamente en la cima como viviendas adicionales y que fueron sometidas, también por primera vez, a un minucioso examen por

Vista de pájaro de la sección noroeste de la muralla de casamata, mirando hacia el sur.

parte de la expedición.

Aunque las habitaciones eran usadas como viviendas, la muralla acasamatada tuvo su papel natural en la defensa de Masada, y los descubrimientos arqueológicos brindaron pruebas sobre las tácticas defensivas empleadas por los celotes. La finalidad evidente de la muralla, construida en el mismo borde del perímetro, era evitar la entrada del enemigo. Si alguien intentase trepar las empinadas laderas, los defensores lo rechazarían con gruesas piedras o aceite hirviendo. Ello implicaba que los techos de la casamata servían como plataformas para los defensores. También es posible que sobre ellos hubiesen construido parapetos, para proteger a los

Hornos y silos en la torre de la muralla occidental. Parece que habría sido la panadería en la época de los celotes.

Las piedras que eran lanzadas por catapulta.

defensores, con boquetes a través de los cuales pudieran disparar saetas y lanzar piedras. Si bien toda la muralla estaría guardada, se puede suponer que durante el sitio Eleazar Ben Yair habría destacado unidades especialmente fuertes a lo largo de aquellas secciones en donde era previsible un intento de forzar la entrada. Con sus limitados efectivos, hubiera concentrado sus fuerzas en las almenas que se erguían directamente sobre los más fáciles accesos a la cima, como el sendero de la serpiente en la ladera oriental, el "Risco Blanco" en la occidental, y en otras partes en donde si bien escalar el monte era difícil, no resultaba imposible. Evidentemente, con la construcción de la rampa romana en el "Risco Blanco", habría reunido la mayor parte de sus hombres en las fortificaciones occidentales. Pero no habría dejado desiertas las demás secciones de la muralla, en el caso de que la rampa fuera una estratagema y el verdadero ataque se emprendiese al este.

De que Ben Yair había razonado de ese modo y que éstos eran sus planes defensivos, todo ello fue demostrado por los hallazgos. En el piso de las piezas a lo largo de las secciones más expuestas, y en especial sobre el sendero de la serpiente, se encontraron pequeños montones de "munición" celote: grandes piedras redondas de unos 45 Kg. Ello sugiere que habían sido apiladas en las plataformas de la murallas; es decir, sobre los techos de las casamatas, y habían caído al suelo cuando aquéllos se desmoronaron. No habían sido usados porque el ataque final no había llegado en esas direcciones, aunque es posible que durante el sitio se hubieran intentado realizar asaltos aquí, que hubiesen sido rechazados con la ayuda de otras pilas de piedras.

El ataque final romano se había concentrado

en una sección de la muralla: al oeste, sobre la rampa. Aquí la expedición no encontró munición alguna -los celotes habrían empleado todas las piedras que tenían- pero sí muchos misiles romanos, lanzados contra los defensores por sus catapultas. Estos misiles eran piedras redondas, "del tamaño de un pomelo", y se hallaron centenares en los escombros de esta parte de la muralla. De pie sobre la muralla, mirando a la rampa romana abajo, y luego de haber examinado los misiles enemigos, no resultaba difícil a los excavadores imaginar esa batalla librada en el primer siglo y captar el espíritu de esos tan valientes y contados defensores, que se mantuvieron firmes hasta el final frente al poderío de tan gran número de adversarios.

La sinagoga en el muro occidental.

El Templo

La expedición había comenzado a excavar en la sección noroeste de la muralla acasamatada, mirando hacia el campamento romano del General Silva, al comienzo de la primera temporada. Pronto se comprobó que una de las estructuras era diferente de las otras cámaras en la casamata. Evidentemente, era un edificio rectangular, pero sólo una parte de él, su lado occidental, era parte de ese muro. Su sección oriental se extendía hacia la cumbre. Desde luego, era algo especial, pero ¿qué?

Luego, cuando se retiraron las primeras capas de escombros se pudo ver un banco que se extendía a lo largo de las muros de lo que parecía ser una gran sala. ¿Qué podría ser? Siguieron excavando y encontraron otro banco debajo del superior. Cuando llegaron al nivel del suelo constataron que habían cuatro bancos similares, escaños para sentarse, que se asemejaban a amplias escalinatas junto a la pared. La pared oriental tenía una apertura de entrada a la sala, y parte del muro occidental se extendía en la sala y no contaba con bancos. Formaba parte del rincón noroeste

del edificio, que había sido dividido para formar un cubículo. Del pavimento de la sala se yerguían cinco columnas rotas, dos en frente de los bancos al norte y tres, de los del sur.

Se encontraron tiradas monedas del período de la revuelta judía, de modo que era evidente que el lugar había sido usado por los celotes. Cuando los arqueólogos examinaron los materiales de construcción debajo de la argamasa de los bancos, constataron que algunas piedras habían sido sacadas de otros edificios herodianos en Masada. En particular, había secciones de columnas y capiteles que se veía habían sido llevados del palacio-villa de Herodes. Ello implicaba que habían sido instalados por los celotes luego de haber ocurrido cierta destrucción en esa mansión.

Teniendo ello en cuenta y contemplando las ruinas ahora expuestas, los arqueólogos pensaron así: las series de bancos representaban asientos para una reunión pública. La presencia de las columnas indicaba que la sala era un lugar especial de reunión, el que había sido construido por los celotes. Pero, ¿por qué éstos se habían tomado la molestia de construirlo? Tenían poco tiempo y ninguna inclinación por el lujo. Si Eleazar Ben Yair quisiera organizar una reunión, lo hubiera podido celebrar al aire libre o en alguno de los mayores aposentos de los edificios existentes.

Los arqueólogos se preguntaron entonces: ¿para qué, en general, los celotes hubieran dedicado tanto tiempo y energía para estructuras adicionales? Lo hubieran hecho por tres razones: defensa, religión y vivienda. La sala recién excavada no tenía ninguna finalidad defensiva. Tampoco era indicada para servir como vivienda. Pero un lugar de reunión para fines religiosos -un templo- eso ya tenía sentido. La construcción de una sinagoga, una sala comunal para rezar, hubiera sido el acto más apropiado de judíos religiosos profundamente ortodoxos, como lo eran los celotes.

El edificio estaba orientado hacia Jerusalén. Desde siempre, en donde vivieran judíos, la

La sinagoga mirando hacia el norte.

orientación tradicional de sus sinagogas era hacia Jerusalén. Hasta el día de hoy, en cualquier sinagoga del mundo, se observa esta tradición.

Entre los hallazgos en el piso, al margen de las monedas, había un cascote con la inscripción hebrea: "diezmo sacerdotal". De por sí, ello no demostraba que la sala fuera una sinagoga, pero su asociación religiosa podría ser pertinente. En uno de los rincones se encontraron numerosas lámparas de aceite, su superficie externa calcinada por el fuego. En el pavimento del cubículo habían restos que evidentemente habían sido deliberadamente incendiados, vasijas y muebles reunidos para formar un montón al que se prendió fuego.

Durante toda la primera temporada Yadin tuvo la impresión que era la sinagoga de los celotes. No quería ser más explícito, puesto que no pensaba que la evidencia física, por muy importante que fuera, aportase una prueba convincente, sin dejar lugar a dudas, de su

Otra vista de la sinagoga.

razonamiento. Pero los eruditos se mostraron muy intrigados por su teoría, y no parecía que la misma pudiera ser puesta en tela de juicio. Ello dio mucho qué hablar en Israel, ya que hasta entonces las más antiguas sinagogas descubiertas por los arqueólogos se remontaban a fines del segundo siglo. Si este edificio de Masada eran realmente una sinagoga, no podía ser posterior a mediados, aproximadamente, del primer siglo.

Fue con considerable entusiasmo que la expedición continuó excavando al iniciarse la segunda temporada. Ya se habían encontrado indicios que los celotes habían construido sobre los cimientos de una estructura anterior, y esto había sido confirmado ahora. El edificio era herodiano. Seguía el mismo contorno que en general tenía la estructura de los celotes, pero existían cuatro diferencias principales. No tenía bancos ni cubículo alguno; otra era la disposición de las columnas, y contaba con un muro adicional, también con un boquete en el centro, que dividía la sala en un aposento principal y una pieza de entrada.

Los celotes habían agregado el cubículo y los bancos, tendido un nuevo piso y sacado la pared divisoria. Al construir el cubículo tuvieron que sacar dos columnas, las que fueron colocadas en donde estaba aquella pared. Yadin sugiere que posiblemente había servido como sinagoga en la época de Herodes.

Prosiguieron las excavaciones y se desenterró un importante hallazgo debajo del pavimento celote del cubículo: ¡un rollo! Yadin lo examinó donde estaba, antes que fuera sacado, y vio que no había sido colocado allí al azar, sino deliberadamente en el sitio donde fue encontrado. Los celotes habían hecho un agujero en el piso, colocado el rollo abajo, y luego llenado el hoyo con tierra y piedras.

¿Por qué lo habían enterrado? Tal vez para que no cayera en manos de los romanos, o sencillamente porque ya no era usado. Ya hemos visto anteriormente que cualquier material que tuviese escritos sagrados en hebreo nunca era tirado o destruido, sino enterrado en un lugar consagrado.

Los rollos antiguos, cuando son expuestos por primera vez a la atmósfera luego de haber estado enterrados durante casi dos milenios, deben ser manoseados con particular cuidado. Los felices voluntarios que lo hallaron tuvieron que esperar hasta que su rollo fue abierto en un laboratorio en Jerusalén, para saber que se trataba de ¡dos capítulos del Libro Deuteronomio del Antiguo Testamento! El texto era casi idéntico al texto hebreo que se lee actualmente en la sinagoga.

Luego, Yadin impartió instrucciones para que se excavara todo el piso del cubículo para ver si habían otros rollos. Y efectivamente, se encontró otro hoyo, cubierto de una tierra de tipo diferente de la que había en ese lugar. Era evidente que alguien había estado buscando por allá. Debajo yacían los restos de otro rollo, con partes del Libro de Ezequiel. En este caso también, el texto es el mismo que en la versión hebrea moderna de ese profeta del Viejo Testamento.

El descubrimiento de esos rollos y su entierro en ese lugar, agregado a la evidencia adicional, confirman en gran medida el razonamiento de Yadin de que se trataba efectivamente de la sinagoga de Masada, la más antigua del mundo.

La Mikve (baño ritual).

El edificio en donde estaba la mikve.

La Mikve.

La Mikve

A través del camino que conduce a la sinagoga, en el otro extremo de la cumbre, los arqueólogos que excavaban la sección sudeste de la muralla acasamatada descubrieron otra construcción que también era diferente de las cámaras que los celotes habían usado como viviendas. Aquí también, los celotes habían introducido cambios en el edificio herodiano original para una finalidad religiosa especial. Cuando se limpiaron todos los escombros, y la estructura quedó totalmente expuesta, apareció tan bien conservada que así debía ser en el primer siglo.

A primera vista, no parecía haber nada espectacular en ello. En lugar de la cámara usual en la casamata, aparecieron tres pequeñas cisternas más o menos rectangulares, de tamaño diferente. Había un pequeño agujero en el muro divisorio entre la cisterna mayor y la mediana, y resultaba evidente que había sido perforado allí deliberadamente cuando se construyó la pared. Este agujero serviría a los expertos como un indicio clave en cuanto al uso del edificio.

En cada una de esas dos cisternas mayores habían escalones que llevaban al fondo. La más pequeña estaba junto a la mediana, con un muro intacto entre ellas. Un conducto o cañería abierta llegaba a la cisterna mayor desde afuera. Esto era todo.

¿Cuál era la razón para que se atribuyera tanta importancia a estas cisternas, el agujero, el conducto y los escalones, y por qué su descubrimiento fue motivo de tanta excitación entre los excavadores de la expedición?

Para comprender el significado de ese hallazgo arqueológico, se debe saber un poco sobre las costumbres religiosas y ritos de aquellos tiempos, en particular sobre la norma de la ablución ritual. Fue ese conocimiento el que le permitió a Yadin, tan pronto como se halló el agujero y el conducto, llegar a a la conclusión de que lo que se estaba excavando era el baño ritual de los celotes, conocido en hebreo como la mikve. Cuando concluyó la excavación y las cisternas fueron medidas y examinadas por los arqueólogos, así como por eruditos religiosos, se comprobó sin lugar a dudas que era una mikve, la única descubierta jamás de un período tan temprano.

La costumbre de la ablución, en la que se sumerge parte o todo el cuerpo en el agua de conformidad con instrucciones religiosas específicamente dictadas, ha sido -y todavía es- común a muchas religiones. Se trata de un acto físico y simbólico a la vez, que limpia y purifica. El hindú ha de tomar un baño ceremonial antes de elevar su oración diaria. El bautismo es una ablución ritual cristiana. Los judíos ortodoxos se sumergen hasta el día de hoy en una mikve en ocasiones prescritas.

Los códigos antiguos de éstas y otras religiones formulan reglamentos muy estrictos sobre el modo como se ha de cumplir ese rito. No se trata del acto normal de lavarse. Sin embargo, en el caluroso Medio Oriente, que ha sido la cuna del judaísmo, el cristianismo y el Islam, se han formulado dispensaciones especiales en épocas de escasez de agua. Por ejemplo, a un beduino musulmán en el desierto, que hubiera tenido que lavarse las manos, los pies y la cara antes de sus oraciones diarias, se le permite usar arena cuando está lejos de una fuente de agua.

El código judío también ha tomado en cuenta la falta de agua en Israel, aunque no fue muy lejos en sus dispensaciones. En condiciones normales, el agua ritual para una mikve tenía que ser de la lluvia que afluía directamente al baño, piscina o cisterna. No podía ser agua extraída; es decir, agua traída en recipientes y vertida en el baño ritual, posiblemente por el temor de contaminación de vasijas impuras. Sin embargo, como en algunas partes de Israel como Masada, no llueve durante la mayor parte del año y las precipitaciones son muy escasas incluso durante la estación lluviosa, el código formulaba el siguiente reglamento: se podría usar agua ordinaria en una mikve a condición de que algunas gotas de lluvia fueran agregadas al flujo directo. El contacto con el agua "pura" otorgaría una purificación simbólica a toda el agua.

Los antiguos rabinos también habían escrito cómo tenía que hacerse, pero algunas de esas instrucciones no resultaban claras a los eruditos modernos de la Mishná -el nombre del código judío- hasta el descubrimiento de Yadin, y entonces todo se pudo poner en claro.

La cisterna mayor almacenaba el agua de la lluvia que recibía de un chorro directo del conducto abierto, este conducto canalizaba el agua de la lluvia que era captada en el techo durante la estación "lluviosa".

La cisterna de tamaño mediano era la mikve propiamente dicha, el baño o la piscina, en donde se realizaba la inmersión. Esta se llenaba con agua extraída. Antes de ser usada, se sacaba el tapón que cerraba el agujero en la pared divisoria entre esta piscina y la cisterna grande, para permitir que un poco de agua pura de lluvia se vertiera en ella. Este sistema de almacenamiento y racionamiento, así como

de flujo directo de la preciosa agua "pura", permitió que la mikve pudiera satisfacer las exigencias rituales durante los largos meses secos en Masada.

La más pequeña de las tres cisternas no tenía ninguna función ritual, servía simplemente como un lugar para lavarse las manos y los pies antes de que el bañista entrase en la mikve.

Mucho más tarde durante las excavaciones, los arqueólogos encontraron otra mikve, que seguía la misma norma de las tres piscinas y el sistema de purificación, en el patio del edificio administrativo junto a los depósitos en la parte norte de la cima.

Podemos ahora comprender por qué el descubrimiento de la expedición de Yadin era importante para arqueólogos y también -tal vez aún más- para los eruditos de la Mishná y el Talmud. Como se dijo, la Mishná es la codificación de las leyes judías, mientras que el Talmud es el vasto y completo comentario de la Mishná, en el que aparece la sabiduría original escrita y oral del pueblo judío. La copilación de la Mishná fue una larga tarea que se completó a fines del segundo siglo A.D.; es decir, unos 130 años después de los trágicos sucesos de Masada. Sin embargo, las leyes y reglamentos estaban en vigencia antes de que fueran compendiados en ese código. El descubrimiento de la mikve en Masada ofrece una de esas raras oportunidades a los eruditos para aclarar cómo eran esas leyes y doctrinas; constatar de qué modo eran respetadas por los judíos ortodoxos antes de que se escribiera la Mishná, y también compararlas y encontrar el significado de algunos aspectos hasta entonces oscuros, de las regulaciones tal como aparecieron finalmente en la Mishná.

Resulta evidente de tales estudios que casi no se ha producido cambio alguno. Es igualmente evidente que la devoción de los celotes de Masada se traducía en una meticulosa observación de las más insignificantes instrucciones de la ley judía referentes al baño ritual. En vista de la ubicación de Masada y las circunstancias en que vivieron los celotes, ese cumplimiento debe ser considerado como un triunfo supremo sobre los mayores obstculos.

Las Antiguas Escrituras

El mayor deseo acariciado por la expedición antes de comenzar la excavación era encontrar algún material escrito del período celote. Al concluir la segunda temporada habían hallado unos setecientos óstraca, pedazos de vasijas con inscripciones y, lo más raro y precioso de todo, partes de no menos de catorces rollos. Como ya se ha dicho, dos fueron desenterrados bajo el piso de la sinagoga. Uno, debajo de los escombros que cubrían el gran muro detrás del palacio-villa. Otro, en el palacio occidental luego de retirarse unos 3 metros de escombros. Y los diez restantes, fueron encontrados en cámaras de la muralla.

Para los estudiantes de paleografía (el estudio de antiguos escritos e inscripciones), los estudiantes de la literatura de ese período, y los historiadores del pensamiento religioso de la época, esos descubrimientos eran de primera importancia.

La mayor parte de los óstraca eran del período de los celotes, y la escritura era hebrea. Ya hemos mencionado algunas que se referían a los diezmos sacerdotales. Otros llevaban nombres judíos que podían ser los de comandantes celotes. Casi trescientos que fueron desenterrados cerca de los depósitos, estaban marcados con una, dos o tres letras hebreas, y Yadin considera que habrían sido usados en el sistema de racionamiento de los celotes durante el sitio. El estudio de esos signos en los óstraca aclara en gran medida el desarrollo de la escritura hebrea.

Sin embargo, habían algunos del período herodiano. La expedición tuvo la suerte de encontrar unos marcados con la fecha, lo que suele ser muy raro en la arqueología. Esos óstraca formaban parte de jarras con vino enviadas de Italia. La fecha fue inscrita en el modo común romano, haciendo referencia al hombre que fue el Cónsul romano durante aquel año. El nombre en esas vasijas era el de C. Sentius Saturninus, que fue Cónsul en el año 19 A.C.

En las jarras también había una inscripción que decía: "Al Rey Herodes de Judea".

Un rollo hebreo antiguo, similar a los encontrados en Masada.

Encontrar el nombre escrito de un personaje conocido es extremadamente raro en una excavación. Si no existiera la narrativa de Josefo, este descubrimiento tan sólo podría ser una indicación de la relación que tuvo Herodes con Masada. Era la primera vez que se encontraba en ese monte una inscripción con el nombre de Herodes.

El hallazgo de óstraca es bastante común en general en excavaciones arqueológicas, ya que como sabemos, la alfarería es dura y durable. Sin embargo, encontrar un viejo rollo es sumamente raro, porque el pergamino y el papiro se desintegran con el tiempo. Si el clima no los destruyen, lo harán los insectos y los animales. Hasta ahora, rollos han sido encontrados solamente en cuevas, en regiones cálidas y secas como la comarca del Mar Muerto. En Masada se encontraron por primera vez pergaminos enrollados en las ruinas de edificios, en un nivel arqueológico que era posible datar con precisión.

La importancia de todo ello merece tal vez algunas palabras explicatorias. Los rollos antiguos más famosos que el público conoce, son los del Mar Muerto. Estos siete rollos completos, ahora en exposición permanente en el Museo Israel de Jerusalén, fueron encontrados en 1947 cuando unos pastores beduinos, que buscaban una cabra perdida, llegaron a una apertura en los rocas frente a la costa del Mar Muerto. Al tirar algunas piedras en la caverna natural, quedaron sorprendidos al escuchar un ruido un tanto extraño. Las piedras habían dado contra objetos de alfarería. Pero preocupados por su cabra desaparecida se fueron a buscarla, aunque volvieron al día siguiente. Al penetrar en la cueva encontraron varias jarras de barro. Dentro había legajos o bultos de cuero, algunos envueltos en lienzos de lino. Eran los rollos, que comenzaron su agitado viaje, primero en manos de comerciantes en antigüedades y luego en posesión de investigadores científicos. De hecho, fue el padre de Yadin, el fallecido profesor Elazar L. Sukenik, el primer experto que vio los rollos y supo aclarar lo que eran.

Los rollos han sido sometidos a minuciosos estudios que han brindado una vasta y erudita literatura, y hoy casi todos los expertos coinciden que si bien no se puede determinar con exactitud su fecha, se remontan o bien al primer siglo A.C. o a la primera mitad del primer siglo A.D. Pero mientras que se prosiguen las investigaciones, algunos eruditos sugieren que son de una fecha mucho más posterior, y hasta hubo uno que pretendió que pertenecían a la Edad Media.

Ahora bien, un enfoque tan extremista nunca hubiera podido ser formulado si los rollos no hubiesen sido encontrados en una cueva. Porque ésta, de hecho, es atemporal, eterna, habiendo sido creada por algún violento suceso natural decenas o incluso centenares de miles de años atrás. Un escéptico puede así pretender -si no fuera por la evidencia adicional existente que lo refuta- que los rollos muy bien pudieron haber sido colocados en la cueva 300 ó 3.000 años atrás. Los entendidos que apoyaban el criterio generalizado tendrían, por consiguiente, que aportar pruebas adicionales para respaldar sus teorías, lo que hicieron haciendo hincapié a la escritura, el tamaño de las letras, el contenido, el estilo, así como el propio pergamino, el envoltorio de lino, la forma y la fabricación de las vasijas de barro en donde estaban, y numerosos otros puntos.

En Masada, por el contrario, la mayor parte de los rollos fueron encontrados debajo del piso de edificios que no podían ser datados después de fines del primer siglo A.C. Dos estaban debajo de una sinagoga que los celotes habían agregado, de modo que no podían haber sido escritos después de 73 A.D., y con toda probabilidad, mucho antes. Además, sobre algunos de esos rollos había monedas de bronce del año dos y el año tres de la revuelta judía. Incidentalmente, uno de ellos es similar al Rollo del Mar Muerto encontrado cerca de la cueva de 1947, de modo que los hallazgos de Masada confirman indirectamente la antigüedad de los Rollos del Mar Muerto, y pusieron término a la argumentación de la minoría.

Debe recordarse que Masada se halla a menos de cincuenta kilómetros al sur de Qumran, el lugar en donde se hallaron los primeros Rollos del Mar Muerto.

En su mayor parte, esos rollos eran bíblicos. Además de las partes del Deuteronomio y de Ezequiel hallados en la sinagoga, había dos que contenían varios capítulos del Levítico y otros dos con capítulos del Libro de Salmos. Sus textos son casi idénticos a los textos bíblicos hebreos usados hoy en día. Las diferencias son insignificantes. Los Salmos de David que se recitan actualmente en la sinagoga son los mismos formulados en su tiempo por los celotes en su sinagoga: las mismas palabras hebreas, la misma estructura de las frases, el mismo comienzo y fin de cada capítulo.

Tal vez no nos parezca raro ahora, porque vivimos en un mundo de libros y publicaciones; pero en aquellos día no había imprentas. Todo debía ser copiado, con el riesgo de cometer errores. Además, en aquella época los textos bíblicos carecían de puntuación: no tenían comas ni puntos que indicasen el fin de una frase, letras mayúsculas (lo que es el caso en el hebreo moderno también) para indicar el comienzo de una sentencia, y el hebreo escrito carece de vocales. La puntuación del hebreo y su vocalización fueron introducidos solamente en el octavo siglo A.D.

La pronunciación y puntuación correcta de un texto era completamente determinada por su significado. Por ejemplo, una palabra de tres consonantes -ya que no existían vocales escritas- podía ser expresada en cinco o más modos diferentes, cada uno con su propio significado. Sólo uno sería el correcto, pero podría haber un posible segundo que también tuviera sentido, aunque no expresara el significado perseguido. Como un ejercicio de lo difícil que ello puede ser, trate de descubrir el sentido de un vocablo castellano si se le da sólo sus tres consonantes, como c n t. Podría ser canto, cinta, conté, cuento, canta, cante, canuto, ciento y cuanto. Seguramente, usted podrá encontrar otros. Posiblemente capte la

palabra correcta del contexto, pero recuerde que las otras palabras de la frase también son susceptibles de ser objeto de más de una pronunciación y significado.

Ello no obstante, con todas las oportunidades de distorsiones y confusiones causadas por el tiempo, no se han modificado los textos hebreos usados hoy en día de los que fueron empleados por los celotes unos dos mil años atrás. Esto demuestra cuán firme y fiel es la tradición del judaísmo. El texto correcto y el modo adecuado de leer la Biblia fue pasado de padre a hijo, de rabí a estudiante, con extraordinaria exactitud a través de las generaciones.

Uno de los textos no bíblicos encontrados en la misma habitación de la muralla acasamatada en donde se hallaron los diecisiete shékels de plata, era idéntico al de uno de los rollos encontrados en las cuevas del Mar Muerto. Contenía las Canciones de los Sacrificios del Sabbat, y se refería al rito sabático de la secta judía del Mar Muerto, que tenía su calendario especial y había dejado de reconocer a las autoridades judías de esta tierra. La presencia de un tal rollo no implica que los celotes formaban parte de esa secta. Yadin señala que se sabe que algunos miembros de ella tomaron parte en la revuelta judía y posiblemente se unieron a los celotes en Masada, después de la caída de Jerusalén, para seguir resistiendo a los romanos. Como es natural, habrían llevado sus rollos con ellos.

El rollo encontrado en la torre de la muralla era el Libro de los Jubileos en su texto original hebreo. Para comprender la importancia de este hallazgo, tenemos que volver a tiempos antiguos y conocer algo de las escrituras religiosas, de las que se seleccionaron las que en última instancia fueron aceptadas como libros bíblicos. Esta lista oficial de libros de Sagradas Escrituras es conocida como canon. Existe el canon del Viejo Testamento y, mucho más tarde, el canon del Nuevo Testamento.

A partir del sexto siglo A.C. y en adelante, y tal vez antes, el canon del Viejo Testamento comenzó a evolucionar gradualmente, hasta fines del primer siglo A.D., cuando ya habían varias colecciones de libros sacros, al margen de los Cinco Libros de Moisés (el Pentateuco), los Profetas y los demás libros que fueron subsiguientemente incluidos en la Biblia y considerados sagrados por los judíos. Solamente en 90 ó 100 A.D. se determinó el canon final del Viejo Testamento, en una gran asamblea de rabinos encabezada por el famoso Rabí Akiva celebrada en el centro religioso de Yavne, cerca de la costa mediterránea, a unos kilómetros al sur de la actual Tel Aviv. Al caer Jerusalén en 70 A.D. y con el surgimiento del cristianismo, los judíos sintieron la urgente necesidad de definir con precisión las escrituras que formaban su Biblia. Los libros elegidos son los que ahora leemos en el Viejo Testamento.

¿Qué ocurrió con los que fueron rechazados en Yavne? Estos libros se dividen en dos grupos. El más importante, es decir aquéllos que por poco son incluidos en el canon, integran lo que se conoce como los Libros Apócrifos. La palabra es griega y originalmente significaba "oculto", aunque esos libros jamás fueron escondidos, en el sentido de que hubieran sido leídos en secreto o no difundidos entre el público. Mucho antes, cuando el Antiguo Testamento fue traducido al griego, se incluyeron los libros que eventualmente se convirtieron en apócrifos. La primera traducción de la Biblia Hebrea fue realizada en Alejandría, y es conocida como la de Los Setenta (Septuaginta). La tarea tardó cien años en realizarse, del tercer al segundo siglo A.C.. Se llama de Los Sesenta porque se cree que fue llevada a cabo por setenta y dos escribas (aunque "septuagint" significa setenta en latín) que estaban divinamente inspirados. Los promotores de la traducción fueron los miembros de la gran comunidad judía de Alejandría, que al hallarse fuera de la Tierra de Israel, temían apartarse del hebreo y de su fe judaica. Como el griego era el idioma hablado en esa ciudad, la Septuaginta permitiría a sus hijos leer la Biblia de su fe.

Si bien la inclusión de los libros apócrifos en la Septuaginta ocurrió mucho antes que la decisión de Yavne sobre el canon, ello demuestra en qué grado se los consideraba en tiempos antiguos. Luego de ser excluidos del canon, dejaron de aparecer en hebreo. Pero siguieron siendo sagrados para los cristianos y cuando siglos después, se fijó el canon cristiano, se incluyó el Viejo Testamento así como los libros apócrifos. Por lo tanto esos textos no nos han llegado en hebreo sino en traducciones, notablemente al griego.

Un dato adicional sobre el particular, antes de volver a Masada. Hemos mencionado dos grupos de libros que fueron excluidos del canon, siendo los primeros los apócrifos. El segundo grupo era de menor importancia y se lo conocía como los seudoepígrafos, es decir "escritos falsos", que también es un vocablo griego. Ese término, aplicado como es obvio mucho después, sin duda se proponía señalar que la razón por la que había sido rechazado en Yavne era que no habían sido divinamente inspirados. Pero en la época de la asamblea de Yavne, esos escritos hebreos eran considerados por algunos judíos como obras sacras menores. Después de Yavne sus originales en hebreo desaparecieron con mayor celeridad que los apócrifos, y los que se han conservado son los que fueron traducidos.

El Libro de Jubileos, encontrado por la expedición de Yadin en la torre de la muralla de Masada, era el principal libro seudoepígrafo. Fue escrito a fines del segundo siglo A.C. en la época de los macabeos, y es el más viejo comentario conocido del Génesis y de los primeros catorce capítulos de Exodo, que amplía su narrativa. Su título se deriva del vocablo jubileo que indica cincuenta años; ya que el libro divide la historia del mundo, desde la creación hasta la entrega de la Ley a Moisés en el Monte Sinaí en jubileos, en períodos de cuarenta y nueve años, cada uno. Nos ha llegado en traducciones, en parte al griego y al latín y en una versión completa en etíope. Las partes encontradas en Masada estaban escritas, como ya se dijo, en hebreo.

Veamos ahora el rollo no bíblico más

sobresaliente encontrado en Masada, que era de mayor importancia que el seudoepígrafo Libro de Jubileos. Este era uno de los apócrifos que estaba en un nivel mucho más alto en la lista de los libros considerados por los rabinos en Yavne. Efectivamente, poco faltó para que fuera incluido en el Viejo Testamento. Se trata de Eclesiástico (que no ha de confundirse con el libro bíblico Eclesiastés), y las partes encontradas por la expedición de Yadin estaban en el original en hebreo perdido desde hacía mucho. El libro es conocido en hebreo como la Sabiduría de Ben Sirá (Ben Sirac).

Su descubrimiento dio lugar a una fascinante historia de erudita deducción. Pero antes veamos cómo fue hallado y qué contenía el libro.

En los escombros junto al piso de una habitación en la muralla acasamatada al sur del portal sobre el sendero de la serpiente, los excavadores encontraron fragmentos de un rollo. A simple vista no se podía leer nada. Pero luego que el rollo fue cuidadosamente tratado en un laboratorio de Jerusalén, abierto, alisado y fotografiado por el sistema infrarrojo, cada letra apareció claramente visible. Luego de leer algunas de las frases hebreas, Yadin lo reconoció como el libro de la Sabiduría de Ben Sirá.

El Eclesiástico fue escrito por Ben Sirá (o Ben Sirac) a principios del segundo siglo A.C., y si bien fue posteriormente excluido del canon hebreo, era muy estimado por los rabinos más eruditos, y en el subsiguiente Talmud aparecen alusiones y citas de esa obra. Es un libro escrito en la tradicional sabiduría hebrea de la antigüedad, y los comentaristas han señalado la influencia de Ben Sirá en el bíblico Libro de Proverbios. Imparte alabanzas a los sabios y rectos varones del antiguo Israel, presenta la sabiduría como una revelación del Señor y guía de conducta, y habla sobre las recompensas del estudio, el saber y la prudencia. Sus temas morales están redactados en forma de proverbios.

La Sabiduría de Ben Sirá fue traducida del original en hebreo al griego por el nieto del autor, en la segunda mitad del segundo siglo A.C. Aceptado en su tiempo como formando parte de sus Escrituras por los judíos de Alejandría, fue incluido en el Septuaginto y así pasó a la Iglesia Cristiana. Excepción hecha de los Salmos de David, es el escrito del Viejo Testamento más ampliamente usado en la liturgia de la iglesia católica.

Después de la decisión de Yavne sobre el canon judío, desapareció el texto hebreo original hasta hace poco, y durante siglos la versión griega fue considerada como el texto estándar. Pero en 1896 ocurrió algo sorprendente, sorprendente para los expertos en la materia. En ese año se encontró un viejo y olvidado archivo en un desván de la antigua sinagoga Ezra de El Cairo. A ese desván, una pieza sin puertas ni ventanas, se podía llegar subiendo por una escalera y entrando por un agujero en la pared. Resultó ser la Guenizá de la sinagoga. Guenizá es el vocablo hebreo de "escondido" -como el término griego apócrifo- y significa tanto el escondrijo como el objeto oculto. La finalidad de este escondite, que de hecho era un depósito, fue almacenar viejos libros y escritos hebreos que ya no eran usados, hasta que fueran debidamente enterrados. Así es que los judíos solían depositar material escrito e impreso en la Guenizá de la sinagoga, para que no fueran profanados por el mal uso, y de vez en cuando eran retirados para ser enterrados.

Parece ser que con el transcurso del tiempo la Guenizá de El Cairo cayó en el olvido, y los fragmentos de manuscritos, libros, documentos y cartas quedaron almacenados durante varios siglos. Pero volvió a ser descubierta en el siglo pasado, y varios visitantes lograron adquirir varios manuscritos. El más notable fue un judío ruso llamado Abraham Firkowitch, que reunió la mayor colección de manuscritos hebreos en el mundo, una colección que fue adquirida por la Biblioteca de Leningrado en los años setenta del siglo pasado.

En 1896 dos escocesas eruditas que vivían en Cambridge, Inglaterra, emprendieron un viaje al Medio Oriente y en El Cairo compraron algunos fragmentos que procedían de la Guenizá. A su regreso a Cambridge, presentaron dos hojas con escritura hebrea, una de pergamino y la otra de papel, a Solomon Schechter, que era entonces profesor adjunto de Estudios Talmúdicos en la Universidad de Cambridge. Pronto comprobó que el pergamino formaba parte de un manuscrito del Talmud de Palestina. Después de estudiarlo cierto tiempo, descubrió que el texto hebreo del fragmento de papel era del ¡Eclesiástico, La Sabiduría de Ben Sirá!

Así es que Schechter se encontró contemplando el fragmento de un libro cuyo texto hebreo original había sido perdido durante muchos siglos. Le resultaba claro que donde se había encontrado una hoja, se podrían encontrar hojas adicionales y tal vez otro material importante. El descubrimiento causó sensación en esa sobria y tranquila ciudad universitaria, y se decidió enviar a Schechter a El Cairo para que tratara de traer lo que pudiera encontrar en la Guenizá.

Schechter fue con las auspicios de la universidad y con una carta de recomendación para el Gran Rabino de El Cairo, Rafael Ben Shimon, que le asistió en gran medida. Este le permitió entrar en la Guenizá y le dijo que podía llevarse, sin cargo alguno, todo lo que quisiera. Schechter estuvo varias semanas en la oscura pieza y reunió sólo los manuscritos para llevárselos a Cambridge.

Ese tesoro era tan grande que hasta el día de hoy han quedado manuscritos que aguardan ser debidamente estudiados. Pero entre los que fueron clasificados, examinados y publicados figuraban partes de nuestro ya familiar Eclesiástico. Efectivamente, cuando la Universidad de Cambridge formuló su anuncio oficial del regalo en junio de 1898, expresando su agradecimiento a "los jefes de la comunidad judía", señaló en especial ese manuscrito: "Entre los tesoros más sobresalientes que contiene esta colección hay fragmentos del Libro de Eclesiástico en hebreo…"

Si se recuerda que ese libro fue conservado solamente traducido, uno puede preguntarse cómo es que Yadin "luego de leer algunas de las frases hebreas" del rollo encontrado en Masada, no tardó en reconocerlo. Ahora tenemos la explicación. Yadin había recordado el hebreo del texto de la Guenizá publicado por Schechter.

Pero esto no concluye la historia. Después de la publicación de Schechter, se inició una reñida discusión entre los eruditos sobre la fecha del texto de Guenizá. La mayoría insistía en que se trataba de una copia realizada en la Edad Media del original en hebreo de Ben Sirá. Podrían haber algunos errores poco importantes, lo que sería natural en una copia medieval hecha 1.000 ó 1.500 años después de publicarse el libro. Pero, afirmaban, era una copia del original en hebreo. Sin embargo, algunos expertos argumentaban que se trataba de una traducción al hebreo de la traducción griega y siríaca del original hebreo (La versión siríaca había sido realizada directamente del hebreo en alrededor de 200 A.D.)

Ya que no existía texto hebreo alguno que pudiera ser identificado sin lugar a dudas como copia auténtica del original y con el cual el texto de Guenizá pudiera ser comparado, no había modo de resolver el argumento, y cada parte insistía en su punto de vista.

Hasta el hallazgo en Masada.

No cabía duda que el rollo no era medieval sino que estaba muy cerca del período en que se escribió la Sabiduría de Ben Sirá. Evidentemente, formaba parte del texto original hebreo. Con gran expectativa Yadin se apresuró a compararlo con el texto de Guenizá. El resultado puso término a esa argumentación de setenta años. Ambos textos eran básicamente idénticos.

Como lo dice Yadin: *"El texto en la Genizá de El Cairo corresponde al texto original en hebreo de Ben Sirá. Digo 'en general' porque existen, como es obvio, algunas corrupciones, unas tempranas y otras tardías, y no pocos errores de quienes las copiaron… Pero el modelo fue sin lugar a dudas el Ben Sirá original.*

Concluye afirmando: *"Nuestro descubrimiento pondrá término a la controversia, pero de ningún modo al estudio de Ben Sirá. Evidentemente, ha abierto un nuevo capítulo en la investigación de este libro, que es una de las obras apócrifas y uno de los grandes libros hebreos del período del Segundo Templo".*

El Hallazgo Más Dramático

Durante las excavaciones en Masada, el relato de la última resistencia de los celotes estaba siempre en la mente de los arqueólogos. A medida que los voluntarios excavaban y los profesionales evaluaban, cualquier ruina u objeto que fuera desenterrado era, desde luego, de inmediato interés. Pero lo que se podría llamar su "antena celote" estaba siempre alerta, para discernir si los hallazgos correspondían a los detalles que Josefo ofrece en sus escritos. Un buen día, los excavadores estaban trabajando en la sección norte de Masada, que habría sido un punto clave en aquella época. Estaba cerca de los depósitos, el edificio administrativo, la casa de baños romanos y una puerta en la muralla. Excavaban, raspaban y sacaban los escombros, inspeccionando todo lo que había quedado sobre el tamiz. No se había encontrado nada sensacional ese día, solamente los habituales cascotes, aunque si eran de "rutina" o tenían inscripciones sólo se podría saber una vez fueran lavados.

Los cascotes fueron colocados en palanganas, éstas fueron rotuladas con la marca del nivel y el lugar, y enviadas abajo.

Cuando volvieron al campamento después de la jornada de trabajo, este grupo de voluntarios supo que había encontrado lo que sería el hallazgo más dramático en Masada. No era un descubrimiento de vital importancia para la arqueología, ni tampoco capaz de revolucionar eruditas teorías. Pero se trataba de un hallazgo muy dramático en el aspecto humano, que emocionaría a todos quienes estaban interiorizados con la emotiva historia de los celotes.

El descubrimiento consistía de once óstraca. De por sí, ello no era nada excepcional. Pero se trataba de fragmentos con una escritura diferente de la que se solía hallar. Todos tenían casi el mismo tamaño; en cada uno aparecían letras hebreas, que formaban una sola palabra; esa palabra era un nombre; cada nombre era diferente, y algunos de ellos evidentemente eran apodos, como "el cazador".

Yadin se quedó mirando esos fragmentos durante mucho tiempo, preguntándose lo que habrían significado para los ocupantes del lugar. Entonces en su mente se encendió una lucecita y recordó lo que según Josefo ocurrió luego del histórico discurso de Eleazar Ben Yair a sus compañeros al acercarse el final. Luego que los hombres hubieran matado a sus esposas y niños *"echaron suertes para elegir a los diez varones que debían dar muerte a los demás. Los que fueron elegidos abrazaron los cuerpos de sus seres queridos muertos, y gustosamente se resignaron a perecer en manos de sus verdugos. Cuando esos diez hombres hubieron realizado su terrible tarea, volvieron a echar suertes para decidir quién de los diez habría de matar a los demás, y luego a sí mismo".*

El modo más sencillo para echar suertes -los niños lo hacen siempre en sus juegos-, es recitar una rima infantil y señalar a un miembro del grupo con cada palabra. El último es el elegido. Pero para algo serio -y en Masada la ocasión no podía ser más seria- el método elegido sería escribir el nombre de cada persona en un objeto, colocar esos objetos en una vasija u otro recipiente, y luego elegir uno de ellos. Hoy los nombres serían escritos en trozos de papel, y los papeles colocados en un sombrero. En Masada serían escritos en fragmentos de alfarería. Los once óstraca encontrados parecía que fueron escritos por una misma mano.

¿Acaso eran éstos los elementos usados para

elegir al celote de los últimos diez que "habría de matar a los demás", a los otros nueve?

El problema inmediato, como resulta obvio, es que se habían encontrado once óstraca y no diez. Pero también es dudoso si Josefo fue preciso. Nunca se sabrá con certidumbre si esos fueron de hecho los usados para echar suertes; pero uno de ellos ofrecía particular interés, y su mera presencia sugería que habría sido usado para un evento de mayor importancia. En él estaba escrito el nombre Ben Yair. Había una sola persona que sería mencionada de ese modo: el propio comandante de los celotes, Eleazar Ben Yair. Yadin sugiere que *"también es posible que este grupo estaba compuesto por sus diez comandantes que habían quedado al final, luego de haberse llevado a cabo la decisión, y quienes después habían echado suertes entre ellos"*.

Así se puso fin a la vida de los combatientes de Masada en su lucha final contra los romanos.

6. LAS DEMÁS RUINAS DE LA CUMBRE

Aunque el interés de la expedición se concentró en el período entre Herodes y la caída de Masada, también estudió todos los otros restos desenterrados. Considerando los lugares que ya se han descrito junto con las demás ruinas de la cumbre, pudo esbozar la historia completa de Masada.

Las excavaciones demostraron que el único período activo y vivido en esa roca fue el que ya ha sido descrito en este libro. Sin embargo, se hallaron algunos restos de épocas muy anteriores, restos de plantas, esteras, telas y piezas de alfarería del período entre 4000 y 3000 A.C. (Conocido como el período calcolítico -cobre y piedra-, en el que el hombre comenzó a hacer objetos de alfarería y usar el cobre). Fueron encontrados en una cueva al pie de la ladera sur, y Yadin dice que sus propietarios formaban una comunidad típica de trogloditas, una de las muchas que habitaban en el desierto de Judea en esa época.

Luego se abre un paréntesis de más de dos milenios para encontrarse hallazgos del período de los reyes israelitas. Se desenterraron trozos de alfarería de los siglos 10 a 7 A.C. (el décimo siglo corresponde al tiempo de los reyes David y Salomón). Pero esos fragmentos de vasijas fue todo lo que se encontró. No se halló indicio de ningún edificio de esa época, y se presume que tan sólo contadas personas estuvieron ocasionalmente en ese lugar.

Los únicos restos pre-herodianos fueron los que ya se han citado: las monedas del rey Alejandro Janeo (103-76 A.C.).

Luego vienen los restos de Herodes. En el período entre su muerte y la llegada de los celotes, las excavaciones muestran que Masada estuvo constantemente ocupada. Después de los celotes los romanos se quedaron allí durante unos cuarenta años. Luego de su partida no hay señal alguna de habitación durante más de 300 años, hasta los siglos V ó VI A.D., en el período bizantino. Y los restos de ese período, el más reciente, pueden ser claramente vistos en la cumbre. Efectivamente, hasta las excavaciones de Yadin, que descubrieron ruinas más impresionantes, la primera estructura que cada visitante encontraba era la iglesia bizantina. Después del siglo VI, Masada fue abandonada y nunca jamás habitada.

Las excavaciones permitieron a los arqueólogos atar cabos para conocer la historia del lugar durante el período bizantino. Era común en el quinto siglo que pequeños grupos de ermitaños cristianos buscaran lugares de retiro en el desierto de Judea, y fue probablemente uno de esos grupos que vio en Masada un·sitio ideal para ello. Era remoto y aislado, y tenía cuevas y edificios, o por lo menos ruinas, para encontrar abrigo, y lo eligieron para instalarse allá. En años siguientes llegaron otros que buscaban ese modo de vida

La iglesia bizantina.

asceta, de modo que durante el quinto y el sexto siglo Masada siguió estando habitado por tales hombres.

La expedición constató que algunos de ellos vivieron en cuevas o cavernas. Sus cruces pintadas todavía son visibles en las paredes. La mayoría, sin embargo, se había alojado en pequeñas celdas que habían construido y cuyas ruinas -aunque no todas- se encontraron en la cima. Masada había sido afectada cierto tiempo antes por un sismo, y muchos de los edificios herodianos se habían desplomado.

Cuando los monjes llegaron construyeron parte de sus celdas sobre los montículos de los escombros herodianos, y éstas fueron las primeras ruinas que la expedición encontró cuando comenzó a excavar. También se tuvo que seleccionar cuidadosamente los escombros, sacando primero los que cubrían las estructuras bizantinas, que fueron examinados, fotografiados y anotados, para ser retirados a fin de llegar a los restos anteriores, y continuar excavando hasta que se descubrieron los cimientos de los primeros edificios.

La mayor parte de las edificaciones bizantinas eran primitivas, pero los monjes dejaron un impresionante monumento en el que invirtieron mucha energía, pericia y talento artístico: su capilla, ubicada al noreste del palacio occidental.

Ya que durante siglos había sido el edificio más prominente y menos ruinoso de la cima, que fue visitado y examinado por todos los exploradores del siglo XIX que llegaron a la cumbre, la expedición de Yadin pensó que poco era lo que les quedaría por encontrar. Cuando se inició la primera temporada de excavaciones, lo que vieron fue lo que pudieron contemplar quienes les precedieron. Derecho y sin techo había una gran sala con un ábside redondo en su extremo este. En el centro del ábside había una ventana hermosamente arqueada. Los altos muros de la sala estaban revocados, e insertados en el enlucido se veían pequeñas piedras de alfarería en diseños decorativos. En un rincón de la sala se encontraron algunas partes de un piso de mosaico en colores, pero los demás mosaicos -y gran parte del pavimento también- habían sido arrancados.

Fuera de la sala había muy poco que resultara prometedor, excepción hecha de una altas pilas de escombros afuera, junto a la muralla norte, que valía la pena investigar. Demostraron ser las ruinas de cámaras. Una era evidentemente una sala de estar, porque se encontraron alacenas y vasijas para lavarse. Al lado había otra habitación, y cuando los excavadores llegaron al nivel del piso se sintieron encantados al ver que estaba cubierto por mosaicos de color. Sacando cuidadosamente los escombros, constataron que el mosaico estaba completo. Pero únicamente después de haber limpiado a fondo toda la suciedad, una labor lenta y minuciosa que duró varios días, vieron cuán hermoso era. Ejecutado con excelentes colores, consistía de dieciséis círculos simétricos dentro de un marco rectangular, y dentro de cada círculo había un diseño geométrico o la representación de una flor, un fruto o una planta. Un círculo contenía un cesto con huevos, y en él se había marcado una cruz. Fue de ese mosaico que Yadin pudo deducir en forma definitiva que la capilla bizantina era del quinto siglo.

Con ello se completa nuestra descripción de las viejas ruinas en la cumbre, pero queda un grupo de estructuras que tuvieron un papel predominante en la historia de Masada. Estas se encontraban abajo, y eran las fortificaciones de los hombres que habían conquistado Masada pero no el espíritu de sus defensores, a quienes habían ganado la batalla pero que son recordados en la historia tan sólo gracias al valor de sus víctimas. Estas eran las ruinas de los romanos.

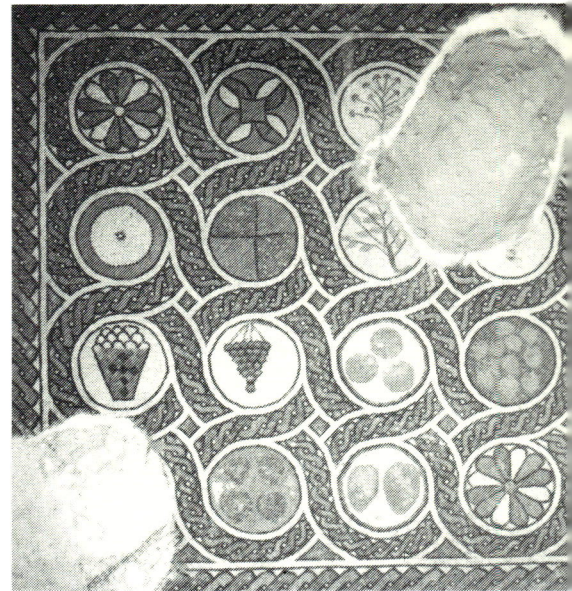

Arriba: *El hermoso piso de mosaico que permitió a Yigael Yadin determinar sin lugar a dudas que la capilla era del siglo quinto.*
Abajo: *Parte inferior de la ventana en el muro norte de la iglesia.*

7. LAS FORTIFICACIONES ROMANAS

La acústica en la cumbre de Masada es excelente. El ambiente es tan quieto que se puede escuchar claramente incluso el lejano trino de un pájaro. Pero fue algo más que el simple gorjeo de los pájaros que quebró el silencio en la cumbre de Masada cierto día de A.D. 72. Fue la llegada de los legionarios del General Silva con miles de tropas adicionales y prisioneros-esclavos. Mucho antes que los romanos disparasen su primera flecha, el estruendo, el clamor, la gritería y el vocerío escuchados mientras acampaban, debe haber ensordecido los oídos de los celotes. Desde entonces, incluso en aquellos momentos en que no se registraron hostilidades, la zona de Masada no estuvo nunca quieta.

Debe haber sido poco después que los celotes se despertaron -suponiendo que hubieran podido dormir- oyendo nuevos ruidos. Era el estrépito, el estruendo, el golpeo y el martilleo de constructores, que no sólo llegaba del oeste sino de varios puntos alrededor de la base de la roca. Aunque en un primer momento, observando la actividad a través de los boquetes de los parapetos de su muralla, tal vez no hayan comprendido lo que ocurría, no tardaron en darse cuenta. Lo que oían y veían era la construcción de las fortificaciones romanas, que eran muy formidables y poderosas. Consistían, como ya se ha indicado, de ocho campamentos rectangulares al pie de los escarpadas laderas, las primeras estructuras romanas que fueron erigidas; una muralla de sitio que rodeaba la base de Masada; doce torres para reforzar una sección de ese muro y, eventualmente, la rampa. Los restos están bien conservados y muestran mejor que la mayoría de las ruinas halladas en los territorios del Imperio Romano, el carácter y la planificación de las obras romanas de asedio. La expedición de Yadin no realizó excavación minuciosa alguna de esas ruinas. El foco de su interés estaba en la Masada de Herodes y los celotes, y sus tareas principales se limitaron a la cima. Sin embargo, sí inspeccionaron de cerca las fortificaciones romanas para tener una idea de lo que Eleazar Ben Yair tuvo que hacer frente, lo que había tenido que resistir y las medidas que se hubiera visto obligado a adoptar. Las conclusiones de esa inspección asistieron en gran medida a los arqueólogos para conocer el modo de razonar y proceder de los defensores sitiados, e identificar a algunas de sus ruinas.

Sin embargo, se realizó una excavación limitada en uno de los ocho campamentos, en el que había instalado sus reales el General Silva. Ello no para examinar la planificación del campamento romano, sino principalmente por la luz que pudiera arrojar sobre los hallazgos

Una puerta bizantina en la cima de Masada; el camino que parte de la puerta conduce a la rampa.

en la cima, entre ellos, las vasijas de la guarnición romana que ocupó Masada luego de concluir el sitio. Yadin quería compararlas con la alfarería usada por el ejército romano que la asedió. A pesar de estos estudios limitados, pudo agregar algunas adiciones importantes a los conocimientos arqueológicos recopilados por otros exploradores previos. Pero es gracias a la labor de esos eruditos, que tanto sabemos ahora sobre el sistema romano de fortificaciones.

Silva y sus ingenieros han debido estar mucho tiempo moviéndose en torno a la base de Masada, examinando, midiendo y pensando antes de decidir exactamente qué hacer y los puntos tácticos en donde instalar los campamentos. La sección del muro reforzada por las doce torres estaba al este, por razones obvias. Era el lugar accesible del sendero de la serpiente. En el este también estaban ubicados tres campamentos. Otros dos se hallaban al sudoeste, dos al oeste y uno al norte.

Seis de ellos eran relativamente pequeños. Dos eran grandes, y tendrían algo más de 21.000 metros cuadrados, con una disposición similar a la del campamento romano estándar. Yadin estima que en ellos estarían la mayor parte de los efectivos de la Décima Legión. Otro, al oeste, sería el cuartel general del General Silva. Otro estaba al este, y ambos se hallaban fuera del muro de sitio, como era el caso de uno de los pequeños campos al este. Los otros cinco estaban instalados en forma irregular, como si fueran eslabones exteriores de la cadena creada por el muro.

Los campamentos servían para alojar a las tropas, y ajustar el anillo de sitio alrededor de los celotes. Estaban ubicados de tal modo como para poder controlar cada accidente topográfico que facilitara la huída de los sitiados o la llegada de posibles refuerzos.

En cuanto a su trazado se refiere, el ejército romano seguía ciertas normas más o menos fijas en dondequiera luchara, y las principales características se pueden ver en los dos campamentos grandes en Masada. Eran recintos rectangulares de tiendas de campaña, cerrados con muros, con portones de entrada bien vigilados en cada uno de los cuatro muros. En Masada, cruzando los campamentos de este a oeste y de norte a sur, y conectando cada par de puertas, estaban los dos principales caminos del acantonamiento. Las hileras de tiendas estaban en bloques rectangulares, y cada destacamento de legionarios tenía su propio bloque, que siempre quedaba ubicado en la misma posición en cualquier lugar que les sirviera de campamento. En Masada las tiendas no estaban fijadas con estacas, sino que descansaban en bajas paredes de escombros y piedras de un metro de altura, aunque su principal peso era sostenido por postes. Los hombres dormían y comían en bancos de piedra dentro de las tiendas. En Masada todavía se pueden ver los restos de estas bajas paredes y bancos.

La intención de esas normas uniformes impuestas en las legiones romanas altamente disciplinadas, era lograr que los soldados estuvieran familiarizados con sus alrededores dondequiera sirvieran. En una campaña o en marcha tendrían que hacer altos de una noche, pero aún así, la legión tenía que establecer un campamento regular, erigir cuatro muros de tierra, con un portón en cada uno, las mismas sendas que la cruzaban, instalar las tiendas de cada destacamento en su lugar acostumbrado, y las tiendas de sus oficiales enfrente. Los portones y los principales caminos internos tenían nombres fijos. Si un legionario cayera de improvisto en cualquier campamento romano, de inmediato podría orientarse. Los romanos pretendían que si el campamento hubiese sido creado tan sólo cinco minutos antes y se produjera un ataque repentino, las tropas podrían formar filas en un instante, incluso en las noches más oscuras, y hacer frente al enemigo.

Como es obvio, en Masada, en donde pondrían sitio y se quedarían mucho tiempo, las instalaciones del campamento serían permanentes, hasta tal punto ¡que pueden ser vistas hasta el día de hoy! Los muros eran de piedra y no de tierra, así como las bases de las tiendas y los bancos. Habían otros edificios reconocibles por sus ruinas y ubicación. Había el puesto de comando con un patio circular. Había el estrado de casi un metro de alto en donde se paraba el comandante mientras que sus tropas desfilaban ante él. Habían altares para los sacrificios romanos. También había un lugar especial, común en todos los campamentos romanos, para los sacerdotes que profetizaban la suerte de la batalla. Ese lugar era conocido por su nombre latín como "observatorio de pájaros", porque los "adivinos" buscaban agüeros en el vuelo de los pájaros aunque también, a veces, en las estrellas del cielo. En los grandes campamentos de Masada Yadin asimismo encontró los restos de un mercado y una casa del tesoro.

Incidentalmente, y aunque sus excavaciones en los restos romanos fueron de pequeña escala, pudo poner término a otro argumento entre eruditos. Exploradores anteriores ya habían constatado que dentro del campamento de Silva, en su rincón noroeste, se había construido otro campamento en una fecha posterior. Ello resultaba evidente por la destrucción en parte del viejo campamento para edificar el nuevo. Algunos estudiosos afirmaban que había sido construido y ocupado por los romanos inmediatamente después de la captura de Masada. Otros pensaban que fue creado dos siglos más tarde. Yadin demostró que la fecha anterior era la correcta. Toda la alfarería y monedas que descubrió en ese lugar correspondían a los últimos años del primer siglo y los primeros del siglo II A.D. Resultaba claro que ese pequeño campamento fue construido para alojar a parte de la guarnición romana que se quedó luego de la caída de Masada. En base a ello y de las monedas encontradas en la cima, Yadin ha llegado a la conclusión que los romanos siguieron ocupando el monte por lo menos cuarenta años después de la muerte de los celotes.

Incluso hoy, luego de observar detenidamente las fortificaciones o mirarlas desde la cumbre, uno no puede menos que quedarse impresionado por el poderío que fue movilizado para derrotar a un pequeño grupo de celotes. Si nos ponemos en lugar de esos defensores,

bien podemos imaginarlos que se sentirían horrorizados al ver aproximarse las cohortes de sus enemigos, miles y miles de hombres, formando filas al pie del monte, estableciéndose en sus campamentos fortificados, construyendo sin pausa el muro de circunvalación, atacando la cima con sus misiles de piedra y sus flechas, y luego dedicándose a la construcción de la rampa que anticipaba un solo y único fin: el asalto final. Sin embargo, el modo de proceder de los celotes no reflejó

El campamento de Silva visto desde Masada.

terror alguno ni cualquier otra debilidad de espíritu. Es cierto que les favorecía la topografía. Pero frente a una tal potencia romana, la topografía sólo podría servir para demorar, no alterar, el inevitable fin. Sabemos, tanto de Josefo como en base a los hallazgos arqueológicos, que los celotes reaccionaron desde un principio con la misma disposición a resistir que les había llevado a Masada. Frustraron impávidamente los intentos preliminares de los romanos de trepar a las alturas. Atacaron a los hombres que construían las fortificaciones para el asedio. Pero las obras procedieron inexorablemente. Sabían cuál era la finalidad de la rampa romana, y no desconocían el hecho que sus intentos de evitar su construcción no podían tener éxito. Sin embargo, siguieron resistiendo con determinación y vigor. Incluso cuando la rampa quedó completada, y se instaló la torre de sitio con sus arqueros protegidos por armaduras, el ariete comenzó a sentir su efecto y la muralla empezó a desmoronarse, los celotes no cejaron en su defensa. Solamente cuando su muralla acasamatada fue incendiada y sus terraplenes y parapetos quedaron abiertos ante el enemigo, reconocieron lo inevitable. Aún entonces se mantuvieron firmes, impávidos. Eligieron la muerte antes de entregarse y pusieron manos a la obra para hacer lo que tenía que hacerse, como Josefo lo narra y la expedición de Yadin lo confirma en los edificios quemados y las patéticas pequeñas pilas de cenizas en el rincón de cada habitación.

Las fortificaciones romanas son indicativas de la potencia de Roma. Pero son una expresión cabal de lo que puede hacer el espíritu humano, tal como lo demostraron los celotes de Masada.

INDICE ALFABETICO